계집은 어떻게 여성이 되었나

서해역사문고 /01

계집은 어떻게 여성이 되었나

초판 1쇄 발행	2004년 4월 28일
초판 2쇄 발행	2004년 8월 10일

지은이	이임하
펴낸곳	도서출판 서해문집
펴낸이	이영선
출판등록	1989년 3월 16일 (제20-5호)
주소	서울시 마포구 서교동 463-23
연락처	(02) 3141-3541(대) __ 팩스 (02) 3141-3543
기획위원	최규진 · 김남윤 · 김선경 · 신용옥
책임편집	김혜경 · 옥귀희
디자인	전윤정 · 고정자
마케팅	김일신 · 곽유찬

ISBN 89-7483-213-5 03900
89-7483-212-7 (세트)
www.booksea.co.kr
서해문집에서는 독자 여러분의 의견을 기다리고 있습니다.
잘못 만들어진 책은 바꾸어 드립니다. 값은 뒤표지에 있습니다.

계집은
어떻게
여성이 되었나

한국 근현대사 속의 여성 이야기

이임하 지음

서해문집

여성으로서 결혼하여 아이를 낳고 공부를 한
다는 것이 어떠한지, 그리고 '여성' 문제가 한국 사회에서 갖는
의미가 무엇인지에 대해 관심을 갖게 된 것은 극히 최근의 일이
다. 때문에 한동안은 대학을 다닐 때부터 오랫동안 여성문제에
관심을 가지고 연구하거나 싸우는 사람들이 부럽기도 했다. 여
성학을 본격적으로 공부한 적이 없는 상태에서 짧은 지식으로
글을 쓰는 것은 무척 부담스럽고 어려운 일이었다. 사실 그 어려
움은 박사학위 논문을 쓰는 과정부터 드러났다. 기본적 개념설
정부터 내용구성까지 모든 것이 쉽지 않았다. 그러나 학위 논문

을 쓰면서 여성의 역사에 대해 어느 정도 눈뜰 수 있었고, 여성으로서 살아가는 자신감을 얻은 것도 사실이다.

서해문집으로부터 서해역사문고 중 하나로 '근현대사 속의 여성'이라는 주제의 책을 내자는 제안을 받았을 때-원고료에 대한 욕심 때문이었을까-나는 깊이 생각하지도 않고 승낙했다. 그러나 이내 후회했다. 학습량이 부족하고 깊이 있는 고민이 부족한 상태에서 과연 해낼 수 있을까 하는 불안감이 엄습했고, 그 불안감은 글을 쓰는 동안 지속되었다.

제1장 '교육을 통한 신사임당 되기'는 여성교육에 대한 내용과 교육목적을 통해 사회적으로 추구된 여성상이 어떻게 제도화되었는지 살펴보았다. 여성이 공교육의 대상이 된 것은 서구 문물이 소개된 개화기부터였다. 이것은 여성의 역사상 커다란 발전이었다. 그러나 여성에 대한 교육은 남성에 대한 교육과 다른 내용과 목적을 가지고 있었다. 여성교육은 끊임없이 여성을 어머니와 아내의 역할에 충실하도록 재생산해냈다. 교육이 현모양처 이데올로기의 생산이었다면 현모양처의 역할이 사회적으로 제도화된 것은 '어머니날'의 제정과 생활개선운동이었다.

교육을 통한 현모양처의 양성은 여성을 이분법적으로 구분하게 만들었다. 사회적으로 여성을 정상과 비정상, 건전과 불건전으로 나누어, 정상적이고 건전한 여성은 현모양처이고 비정상적이고 불건전한 여성은 위험한 여성으로 구별했다.

제2장은 비정상적이고 불건전한 여성으로 간주된 그래서 사회적 비난의 대상이 된 위험한 여성들에 대한 이야기다. 사회는 여성들이 기존 질서에서 조금이라도 벗어나면 '신여성', '자유부인', '전후파', '양공주', '공순이'로 불렀다. 그리고 그들이 끼친 긍정적인 영향은 애써 감추면서, 건전한 가정에 얼마나 해악을 끼치는가만을 강조했다. 또한 그들은 천성적으로 요부 기질을 갖고 있어 가정파괴라는 예고된 결말을 가져올 것이라고 경고했다.

　사회적 비난의 대상이 된 여성들의 존재는 여성들이 더 이상 가정의 울타리에 머물러 있지 않았다는 증거였다. 제3장은 울타리를 넘어선 여성들의 노동에 대해 살펴보았다. 여성들은 가족과 마을공동체의 울타리를 넘어 도시로 올라갔고 농촌에서도 바깥일을 하게 되었다. 그러나 이 같은 여성노동은 생계유지를 위해 울타리 밖으로 내몰린 것이었기 때문에 곧바로 여성의 지위향상으로 이어지지는 않았다. 오히려 저임금과 장시간 노동이라는 열악한 노동조건과 성적 착취가 도사리고 있었다. 그러나 여성노동은 기존의 울타리 안에서의 경험과 전혀 다른 경험을 가능하게 했다. 그 경험은 가족 안에서, 사회 안에서 새로운 힘을 부여하기도 했다. 개화기부터 1980년대까지 가장 핵심적인 여성노동자들은 항상 '그 계집애' 혹은 '그 년'으로, '공순이'로, '사무실의 꽃'으로 멸시받았다.

서해문집의 제안을 받아들일 무렵 내 머릿속에 떠오른 것은 어린 시절 할머니 댁의 '다락방'과 툇마루에서 보았던 '신기루'였다. 멀리 보이는 산을 넘어도 내가 누워 있는 툇마루와 크게 다르지 않은 세계가 펼쳐져 있다는 것을 나중에 알게 되었지만, 그때는 그 산 너머에 무언가 새로운 세계가 있을 것 같았다. 그렇지만 한 번도 산 너머에 가려고 시도해 보지 못했기에 '신기루'는 언제나 상상하는 것으로 그쳤다. 그러나 할머니 댁의 다락방은 달랐다. 한 입이라도 줄이려는 어머니의 배려(?)로 방학만 되면 매번 할머니 댁에 갔는데 그 당시 버스를 탔는지 기차를 탔는지조차 기억나지 않는다. 다만 강둑에서 마을을 내려다본 뒤 뜀박질해서 한달음에 내려가 다락방으로 올라간 기억은 선명하다. 헌책이며 헌옷이며 갖가지 생활도구를 보관하던 다락방은 그야말로 보물창고였다. 나는 다락방에서 할머니가 올려다 놓은 조청이나 엿을 먹으면서 옷을 입어 보고 책도 뒤적이며 뒹굴거리곤 했다. 그래서 방학이 끝나 광주에서 탄 고속버스가 반원을 그리며 서울로 향할 때면, 서운한 마음에 기분이 가라앉아 아무 말도 하지 않고 창밖의 사물들을 주시하곤 했다. 그 버릇이 지금도 남아 있어 버스나 기차를 타고 어딘가를 가노라면 아무 말 없이 창밖을 주시하곤 한다.

　이렇게 어린 시절의 다락방을 길게 소개하는 것은, 할머니와 어머니들의 이야기가 지금 우리에게는 아무렇게나 버려져 있는 다락방의 물건들과 같기 때문이다. 할머니, 어머니들이 살아온 이야기는 거대한 사회 구조에 묻혀 사실 아무렇게나 뒹굴어 다녔고 이내 우리의 기억 속에서 사라져 버렸다. 단지 '그때는 그랬어.'라고 말문을 닫아버린 채, '그때는 왜 그랬는지……'에 대한 이야기는 없다. 이 책은 그 '왜'에 대한 작은 시도다. 하지만 단순히 그 기억을 되살리려는 것이 목적은 아니다. 사실 '왜'에 대한 이야기가 오늘날 말해지지 않는 것은 여전히 침묵 속에 가두어 두어야 할 필요성 때문일 것이다. 따라서 이 책은 현재의 이야기다.

2004년 4월 이임하

차례 ▎▎▎▎

책을 내면서　　5

1 교육을 통한 신사임당 되기

현모양처 교육　　15

어버이날이 아닌 '어머니날'　　38

낡은 살림에서 새살림으로　　48

2 사회가 만들어 낸 위험한 여성

근대의 상징 신여성　　64

훼손된 조국 '기생'　　76

자유부인 가정방문기　　85

'기브 미 초코렛'—양공주　　96

영자의 전성시대　　107

3 울타리 밖으로 나서다

행상과 식모   114

여공에서 공순이로, 그리고 여성노동자로   124

꽃이 되기를 거부한 사무직 여성노동자들   135

글을 마치며   140

1

교육을 통한 신사임당 되기

한국 사회의 본격적인 여성교육은 불과 1백여 년의 짧은 역사를 가지고 있을 뿐이다. 전근대까지도 여성이 공교육의 대상에서 제외되었던 사실에 비한다면 여성이 교육대상자가 된 것만으로 커다란 성과라 할 수 있다. 그러나 여성에 대한 공교육은 처음부터 남성에 대한 교육과는 다른 목적을 갖고 있었다. 여성교육은 자율적 존재로서의 여성에 대한 인간교육이 아닌, 아내이자 어머니로서의 소양을 갖추는 데 그 목적이 있었다. 이른바 '현모양처 만들기'는 개화기 이래 오늘날까지 변함없는 여성교육의 목적이다.

현모양처라는 이상적 여성상은 교육영역에 그치지 않고 사회적 제도로 정착되었다. 그 대표적인 사례가 '어머니날'의 제정과 생활개선운동이다. '어머니날'의 제정은 여성을 '어머니'라고 부름으로써 현실에 순응하고 인내하는 어머니의 위치를 강조하는 장치였다. 또한 생활개선운동은 효율적이고 합리적인 가정경제를 꾸려야만 하는 아내의 역할, 주부의 역할이 여성의 본분임을 확고히 했다. 즉, '현모양처' 교육을 받고 사회로 나간 여성들은 어머니와 아내의 역할을 수행해야만 여성의 합법적 위치를 보장받을 수 있었다. 이광수의 다음 시는 바로 그러한 시각을 대변한다.

> 민족의 가장 큰 일이 무엇이냐
>
> 그것은 씨를 잇는 일
>
> 아들 딸 서서 낳아서 기르는 일
>
> 어머니의 고통과 인내와 사랑과 희생을 무엇에나 비기리? ……
>
> 어머니의 사랑은 끝없는 사랑 ……
>
> 우리의 살을 준 이, 피를 준 이, 말을 준 이, 민족의 권처하는
>
> 정신을 아울러 준 이
>
> 사랑, 희생, 인내, 근면, 봉사, 모든 우리 미천을 준 이 ……
>
> 아! 거룩하여라 어머니시여*

* 『신가정』 1933년 4월호에 실린 「어머니」 중에서.

【 현모양처 교육 】

여성들이여 장옷을 벗어라

전근대에 여성은 남자 형제들의 어깨너머로 글자를 익히거나, 유난히 딸을 귀여워하는 아버지의 배려로 교육받는 경우가 대부분이었다. 그러나 이러한 교육도 글자를 가르치고 『소학小學』·『효경孝經』·『여사서女四書』*·『내훈內訓』** 등 수신서를 읽게 하는 데 그치는, 스스로 글을 지어 문밖으로 알리는 것은 금하는 일시적이고 개인적인 차원의 교육이었다. 즉, 전근대 사회에서 여성은 신분의 높고 낮음에 관계없이 공식적인 교육을 받을 수 없었다.

여성이 공교육을 받을 수 있게 된 것은 19세기 말이 되어서였다. 개항 이후 서구의 문물이 소개되면서 여성교육의 필요성이 사회적으로 제기되었고 비로소 여성교육기관이 창설되었다. 최초의 여성교육기관은 1886년 감리교 여성선교사 스크랜턴Mary FitchScranton이 고아들을 모아 창설한 이화학당이다. 이후 선교

---

* **여사서** 청나라 때 왕상이 기존에 유행하던 네 가지 여훈서 - 한나라 반소의 여계, 당나라 송약소의 여논어, 명나라 인효문황후의 내훈, 청나라 왕절부 유씨의 여범첩록 - 를 모아 주석을 붙여 엮은 책으로 봉건 시대 여성들이 지켜야 할 행실과 도덕 등을 서술하고 있다.
** **내훈** 성종의 어머니인 소혜왕후가 궁중의 비빈과 부녀자들을 위해 여러 책에서 필요한 내용을 뽑아서 한글로 풀이한 책이다.

1890년대의 이화학당 여학생들로 귀밑머리에 짧은 저고리와 재래식 치마허리 차림을 하고 있다.

사들에 의해 배재학당, 경신학교, 정신여학교 등이 잇달아 세워졌다. 선교사들 이외에 『독립신문』을 중심으로 하는 개화파 지식인들 역시 "정부에서 사나이 아이들을 위하야 학교 하나를 세우면 계집아이들을 위하야 또 하나를 짓는 것이 마땅한 일"이라며 여성교육의 필요성을 강조했다.*

초기 여성교육기관은 다양한 세력에 의해 설립되었지만 교육목적은 대체로 비슷했다. 고종의 후원으로 설립된 육영공원育英公院**의 교사였던 길모어George W. Gilmore는 이화학당의 창설 목적을 "한국의 여아를 그들이 생활을 영위하여야 하는 조건 밑에서 모범적인 주부로 만드는 동시에 그들의 친척과 동료 사이의

---

* 1895년 5월 12일자 『독립신문』에서.
** **육영공원** 고종이 1886년 길모어 등 3명의 미국선교사를 초빙하여 설립한 최초의 근대식 공립교육기관이다. 정동에 자리 잡은 육영공원은 좌원, 우원의 2개 반으로 구성되었다. 좌원은 젊은 문무관리 가운데 일부를 선발하여 통학하도록 했고, 우원은 15~20세의 양반자제를 뽑아 기숙하게 했다. 교과내용은 독서, 외국어, 수학, 자연, 과학, 지리, 역사, 정치학, 국제법, 경제학 등이었다. 1894년 한성영어학교로 개편되었다.

기독교의 선교자가 되도록 만드는 데 있다."라고 설명했다. 즉, 이화학당의 설립 목적은 기독교 선교사업의 일환이었고, 동시에 교육을 통해 여성을 '모범적인 주부'로 만드는 데 있었다.

'주부'의 양성이라는 여성교육의 목적은 1899년 대한제국 정부가 발표한 여학교관제에서도 잘 드러난다. 여학교관제의 제1조는 "여학교는 계집아이의 체신 발달함과 살림에 반드시 필요한 보통지식과 재조(재주)를 가르치는 것으로써 본 뜻을 삼는 일"이라고 규정했다.

이러한 교육목적은 1908년 설립된 최초의 관립학교 한성고등여학교*에, 같은 해 5월 20일 순종 비妃가 내린 휘지에서 더 분명하게 나타난다. "보통교육은 남녀의 別(별)이 無(무)한 것이니, 여자는 嫁(가)하여 夫(부)를 翼(익)하고 家(가)를 理(리)하며, 자녀를 扶育(부육)하는 책임을 負(부)하여 一家(일가)의 행복을 증진하고, 이를 推(추)하여 국운을 裨補(비보)함도 큰 것이니, 국가가 어찌 여자교육을 중요히 여기지 아니하리오."**

---

* **한성고등여학교**　대한제국은 1908년 칙령 제22호로 여성의 중등교육을 위한 고등여학교령을 공포하고, 같은 해 4월 1일 어윤적을 교장으로 하여 한성고등여학교를 설립했다. 학교편제는 예과 2년, 기예과 2년, 본과 3년으로 나누어 각각 한 학급씩 두었다. 한일병합 이후 경성여자고등보통학교로 개편되었으며, 그 후 다시 경기여자고등학교로 개칭했다.
** "보통교육은 남녀의 구별이 없는 것이니, 여자는 혼인하여 지아비를 돕고 가문을 이롭게 하며, 자녀를 부육하는 책임을 다하여 집안의 행복을 증진하고, 이를 통하여 국운을 이롭게 함도 큰 것이니, 국가가 어찌 여자교육을 중요히 여기지 아니하리오." 1908년 5월 26일자 「구한국관보」에서.

한편 개화파 지식인들도 여성에게 교육이 필요한 이유를 다음과 같이 역설했다.

여자를 교육하여 놓게 되면 나라에 대단히 유조한 일이 여러 가지 있으니 첫째는 지예 있는 부인들로 국사를 의론하여 정치가 진보케 할 것이요, 둘째는 남자가 혼인 후에 집안일 서로 의론하여 가도를 흥왕케 하되 능히 그 남편을 도와 편지도 대신하며 문서도 기록하며 한가할 때 서책을 보며 학문을 토론하니 집안에 화기가 충만하여 백년을 해로하는 내외가 될 뿐 아니라 생전에 정든 한 친구가 될 것이요, 셋째는 어린 아이들이 10세 이전에 언행과 동정을 배우나니 그 어머니가 학문이 있으면 학교에 보내기 전에는 그 모친이 가르치리니 이것은 양육하는 모친만 될 뿐 아니라 여자의 스승이 되는 이치라.*

위에 나타난 바와 같이 여성교육은 남편의 보조자이자 자녀를 양육하고 교육하는 어머니로서의 역할, 이후 '현모양처'로 표현되는 역할 때문에 필요했다. 여성의 자녀교육자로서의 역할은 1905년 '을사조약'의 체결 이후 더욱 강조되었다. 개화파

---

* 1899년 5월 26일자 『독립신문』에서.

지식인들은 을사조약으로 국권을 빼앗기자 민족의 실력을 양성하여 나라를 되찾자고 주장하면서, 그 방법으로 실력을 양성하고 애국심을 높일 수 있는 교육을 강조했다. 이들은 여성에 대한 교육의 목적을 여성의 자아개발과 독립된 인간으로서의 성장보다는 자녀교육자로서의 역할을 강화하는 데 두었다. 이는 여성이 어머니로서 자녀교육을 원만히 수행함으로써 위태로운 국가를 위해 기여할 수 있다는 사상이 반영된 것이다.

이러한 교육목적의 특징은 남학교와 여학교의 교과운영을 비교해 보면 더욱 확연하게 드러난다. 교과목은 학생이 남성인지, 여성인지에 따라 다르게 운영되었다. 남학교는 물리, 화학, 실업, 경제 등이, 여학교는 가사, 재봉 등이 주요 과목이었다. 특히 재봉 과목은 3학년에 이르기까지 매주 총 12시간씩 이루어져서 국어, 한문, 일본어에 대한 교육(매주 총 13시간) 다음의 중요한 교과로 간주되었다.

여성교육의 필요성이 공공연히 논의되기 시작한 것은 개화기에 이르러서다. 그러나 그 목적은 여성교육의 필요성을 말하는 주체가 누구냐에 따라 조금씩 달랐다. 즉, 기독교 계통의 학교는 선교자의 양성이 목적이었고, 개화파 지식인들은 국권 회복을 위한 계몽된 여성의 양성이 그 목적이었다. 그러나 대한제국이든 개화파 지식인이든 선교사이든 관계없이 여성교육의 내용은 한결같이 결국 남편의 보조자요, 자녀의 양육자이자 교육자로서의 역할을 강조한 것이었다.

일제의 조선여성에 대한 교육정책은 그들을 황국여성皇國女性화하여 철저한 복종형의 여성으로 길러내는 것이었다. 1911년 총독부에 의해 공포된 조선교육령*은 일제 교육정책의 기본방향을 규정하고 있다. 이에 따르면 일제의 교육목적은 '충량한 국민'을 기르는 것(제2조)과 '시세時勢와 민도民度'에 맞는 교육을 실시하는 것(제3조)이었다. '충량한 국민'을 기르는 교육이란 일제와 천황에게 충성하는 양순한 국민의 양성을 의미했다. 또 '시세와 민도'에 맞는 교육이란 읽고 쓸 줄 아는 정도의 초등교육 위주의 교육, 감독자의 지시를 이해하고 수행하는 데 부족함이 없는 정도의 교육을 의미했다. 즉, 일제의 교육목적은 국민으로서 지켜야 할 의무를 알리는 일과 노동자로서 일할 수 있는 능력을 기르는 일이었다.

여성교육의 목적도 여기에서 크게 벗어나지 않았다. 조선교육령 제15조는 "여자고등보통학교는 …… 부덕을 기르고 국민된 성격을 도야하며 그 생활에 유용한 지식과 지능을 가르친

---

* **조선교육령** 조선교육령은 조선인을 일제의 식민지인으로 만들기 위한 교육방침과 교육에 관한 법령으로 전문 30조로 이루어져 있다. 조선교육령은 '충량한' 황국신민을 양성하기 위한 보통교육과 농·상·공업 분야의 하급 직업인을 만들기 위한 실업교육, 기술을 가르치는 전문교육에 관한 규정만 있고 조선인을 위한 대학교육은 허용하지 않았다. 이는 조선인의 교육연한을 단축시켰고 조선인과 일본인의 교육을 차별화시켰다. 그 결과 1920년, 조선인 아동의 취학률은 4%인 데 반해 일본인 아동의 취학률은 92%로 큰 격차를 보였다.

다."라고 규정하고 있다. 이러한 교육목적에 따라 여자고등보통학교는 주 31시간의 교육시간 가운데 재봉과 수예가 10시간, 이과와 가사를 합쳐서 4시간으로 '주부'의 역할을 강조하는 과목이 총 수업시간의 절반 가까이 되었다. 총독부에서 펴낸 도덕교과서 『수신』은 부덕婦德*을 다음과 같이 정의했다.

> 종순從順** …… 여자가 그 부모의 교훈 명령에 따르지 않고
> 아내가 그 남편에게 복종하지 않는다면 일가의 질서나 평화
> 는 결코 보존되지 않을 것이다.

이처럼 일제는 국가와 남성에게 '복종하는 여성'을 여성의 이상형으로 제시했다.*** 이러한 여성교육의 목적은 전시체제로 돌입하면서 더욱 노골화되었다. 조선인의 '황국신민화'를 목적으로 한 1938년의 개정교육령****은 "고등여학교는 …… 국

---

* **부덕** 부녀자의 아름다운 덕행을 이르는 말이다.
** **종순** 순종順從을 이르는 다른 말이다.
*** 복종하는 여성을 이상형으로 제시하던 당시에는 상급학교에 진학하거나 더 많은 지식을 얻고 싶어 하는 여성들의 열망을 "여성의 허영심 때문"이라고 폄하했으며, "여자들의 지식교육은 여성에게 비판의식을 가지게 하기 때문에 불필요하다."라는 주장도 있었다. 1915년 3월 6일자와 1916년 1월 1일자 『매일신보』에서.
**** **개정교육령** 제3차 개정교육령의 특징은 '국어상용자(일본인)'와 '국어비상용자(조선인)'의 구분이 없어지고 교육의 목적이 '충량한 황국신민 육성'으로 통일된 점이다. 그래서 학교의 명칭이 일본과 동일하게 소학교, 중학교, 고등여학교로 개칭되었다. 교과과정도 조선어를 제외하고는 모두 일본과 동일해졌다. 그러나 보다 중요한 내용은 일상용어의 일어화, 황국신민서사의 제창, 신사참배의 강요 등 황민화 교육방침이었다.

민도덕의 함양, 부덕의 양성에 힘쓰며 양처현모의 자질을 얻게 함으로써, 충량지순한 황국여성을 기르는 데 힘을 써야 한다." 라고 명시했다. '양처현모의 자질'을 얻고 '충량지순한 황국여성'을 양성한다는 교육목적은, 전시체제의 확립과 더불어 여성 자신뿐만 아니라 아동들에게 일본의 국체관념國體觀念*을 고취시키는 교육자로서 어머니의 역할을 강조한 것이었다.

천황에게 충성하는 어머니의 양성이라는 교육목적은 교과과정에도 그대로 반영되었다. 소학교의 경우, 여학생의 가사와 재봉시간이 4학년은 주 3시간, 5·6학년은 주 4시간으로 이전에 비해 2배로 증가했다. 1941년 국민학교령에서도 "다른 것을 배우지 못하더라도 적어도 가사에 관해서는 지식과 실기를 배우게 할 것" 혹은 "초등학교 전 과목을 통하여 가장 필수적이고 효과적인 과목이다. 극언하면 여자교육에 있어서는 모든 과목이 이 과목에 연결되어 종합되어 있다."라고 하며 매우 중시했다.

고등여학교의 교육과정에서도 황국신민화 교육이 차지하는 비율은 수신, 공민**, 국어(일본어), 역사·지리를 합쳐 전체의

---

* **국체관념** 제7대 조선총독 미나미 지로(南次郎)는 조선통치의 시정방침으로 국체명징國體明徵, 선만일여鮮滿一如, 교학진작敎學振作, 농공병진農工倂進, 서정쇄신庶政刷新의 5대 정강을 내걸었다. 특히 국체명징은 내선일체內鮮一體의 확고한 의식으로 황민화를 적극적으로 시행하기 위한 것이었다. 이는 신사참배의 강요, 1면 1신사의 설립, 황국신민서사 제창 강요, 일본어 보급, 조선어 폐지, 국기와 국가에 대한 존경의 의례화 등으로 나타났다. 국체명징은 조선의 모든 역사와 문화를 버리고 일본인이 되는 것을 의미했다.
** **공민** 현재의 사회과목으로 국민(황국신민)으로서의 기본적 자질을 양성하기 위한 교과목이다.

33%에 달했다. 또한 가사, 재봉은 22%가 배당되어 현모양처의 양성을 목적으로 한 여성만의 특성교육이 강조되었다.

이러한 현모양처의 이미지는 교육뿐만 아니라 식민지체제의 모든 방면에 반영되었다. 〈어머니와 아들〉이란 제목의 위쪽 그림과 〈모자母子〉라는 제목의 아래쪽 그림은 파마를 한 신여성이든 쪽진 머리를 한 구여성이든 모두 남자아이에게 젖을 물리고 있는 어머니의 모습을 보여 준다.

전시체제로 접어든 1930년대 후반 조선 사회에서 여성의 가장 중요한 덕목은 전쟁을 수행하기 위한 2세를 양육하는 모성애였는데, 두 작품 모두 이러한 사상을 반영하고 있다. 또한 각각의 작품이 전통적으로 여성의 일로 취급되어 온 뜨개질을 하는 모습을 그렸다는 점과 바느질을 상징하는 실패가 곁에 놓여 있다는 사실도 주목할 만하다. 〈모자〉는

위쪽은 1939년에 임응구가 그린 〈어머니와 아들〉이고 아래쪽은 1940년에 임홍은이 그린 〈모자〉다. 모두 어머니로서의 여성을 보여 준다.

서구의 성모자 상에서 유래된 것으로, 1930년대 후반에 그려진 대부분의 모자도母子圖는 모유를 먹여서 건강한 남자아이를 키우는 후방에서의 여성의 임무를 강조하고 있다.

황국신민의 양육이라는 여성교육의 목적은 건강한 신민을 생산하는 건강한 모체를 강조했고, 이것은 체육교육의 강화로 나타났다. 여학생에 대한 체육교육의 강화는 장차 결혼하여 출산을 담당할 여학생의 건강과 체력을 일제가 관리하고 통제하고자 한 의도에서였다. 이후 체육 과목은 군사적 성격이 농후해져 교련 과목과 무도武道, 체조로 구성된 체련 과목이 신설되었고, 수업시간도 1938년 주당 3시간이었던 것이 1941년에는 주당 4시간으로 늘었다. 고등여학교의 교련시간에는 총 잡는 훈련과 열병, 분열법을 가르치고 행군도 실시했다. 여기에 여학생들에게는 가사 과목에서 보건과 위생 및 간호 지식을 가르쳤다.

전시체제와 더불어 현모양처 교육은 여성을 단순히 가정에 머무르는 역할을 위한 것이 아니었다. 대신 확고한 국가의식을 기반으로 자녀를 교육하고, 강건한 신체를 단련하여 식민지배 체제의 요구에 따라서 언제든 전장에 뛰어들 수 있는 역할을 위한 것으로 되었다.

해방과 초등교육의 의무화

해방 당시의 교육상황은 문맹률이 79%에 달하고 아동취학률은 64%에 불과했으며, 특히 중등교육 이상의 교육을 받은 사람이 전체 인구의 1%에도 미치지 못할 정도로 열악했다. 이러한 낮은 교육수준을 개선하기 위한 방안으로 성인에 대한 문맹퇴치교육과 함께 추진된 정책이 아동취학률을 높이기 위한 의무교육제도의 도입이었다. 특히 1948년 제정된 대한민국 헌법에서는 제16조에 의무교육을 교육의 기본원칙으로 규정했다.

헌법의 원칙에 따라 1949년 제정된 교육법은 제96조에 "모든 국민은 그 보호하는 자녀를 만 6세부터 12세까지 취학시킬 의무가 있다."라고 규정하고 부칙 제167조에 "의무교육은 1950년 6월 1일 현재로 취학시기에 달한 학령아동으로부터 시행한다."라고 명시했다. 이에 따라 한국전쟁 이후 지속적으로 학령아동의 의무적인 취학이 강력하게 추진되었다. 물론 의무교육의 실시에 따른 초등교육의 강화는 새로운 국민국가의 형성에 필요한 국가 구성원의 창출을 통한 정치적 안정을 확보하기 위한 정치적 통합에 초점을 맞춘 것이었다. 즉 국가의 구성원으로서 갖추어야 할 의식과 도덕적 자질을 함양하고자 한 것이다. 그러나 의무교육의 실시가 아동들의 취학률을 획기적으로 높이는 데 기여한 것 또한 사실이다.

그 결과 해방 당시 64%에 불과하던 취학률이 1955년에는 90%로 증가했고 다시 1959년에는 94%에 달할 정도로 높아져 학령기에 있는 대다수의 아동들이 취학하게 되었다. 그리고 의무교육에 따른 취학률의 증가는 여성에게는 곧바로 교육기회의 양적인 확대를 의미했다. 1958년에 이르면 각급 학교의 여학생 수는 1945년과 비교하여 초등학교 3.1배, 중·고등학교 6.1배, 사범학교 2.5배, 대학(교) 8.5배로 증가했다. 해방과 1950년대를 거치면서 여성교육이 적어도 양적인 면에서는 획기적으로 증가한 것이다.

그러나 이러한 양적 확대가 곧바로 남녀간의 교육기회의 평등을 의미하는 것은 아니었다. 해방 이후 초등학교의 남녀 학생 수의 비율은 1952년 64%와 36%, 1960년 55%와 45%로 여성의 취학률이 남성의 취학률에 비하여 상대적으로 낮은 수준이었다. 남녀간의 교육기회의 불평등은 중·고등학교와 대학(교)으로 갈수록 더욱 심각했다. 중학교의 남녀 학생 수의 비율은 1952년 78%와 22%였는데 1958년에 이르러서도 변하지 않았다.* 남녀 학생 수의 차이는 대학교육에서 더 크게 나타났다.

이러한 차이는 초등학교가 의무교육인데 반해 상급학교는 의무교육이 아니었으므로 진학하는 여학생이 남학생에 비해 현저히 적었기 때문이다. 1955년의 경우 남성의 진학률이 여성보다 중학교의 경우 1.6배, 고등학교의 경우 1.3배나 높았다. 즉, 1950년 한국 사회에서 여성은 교육기회 면에서 남성에 비해 차별받았고, 이러한 차별은 의무교육인 초등교육보다 중등교육,

---

* 농업고등학교와 상업고등학교를 포함한 전체 고등학교의 남녀 학생 수의 비율도 1958년 남학생 78%, 여학생 22%로 나타나고 있다.

고등교육으로 갈수록 심해졌다.

교육기회의 남녀 차별은 경제적 궁핍과 남성우위사상이 결합한 결과였다. 생계유지에 급급한 많은 부모들은 자녀들의 상급학교 진학을 포기하게 했는데, 이 경우 관습적으로 아들보다는 딸의 진학을 포기시켜 '아들과 딸을 차별' 했다. 가난한 집안의 딸들은 대체로 진학을 포기하고 살림과 집안일을 도와야 했고, 심지어는 남자 형제의 학비를 벌어야만 했다. 이러한 실정에서 교육에 대한 열망이 강했던 여학생이 비관 자살하는 일도 자주 발생했다.

부산여중 3년생 강선자(18세)는 심한 생활고로 부모들이 학업 중단하라고 말하자 비관 자살. 유서에는 "최후의 희망은 죽음! 고달픈 생을! 이 세상에 살기 싫어도 억지로 살려는 시간! 죽음으로 대신한다. 나의 심정은 오늘이나 나의 희망을 실천할 것인가? 아 일초라도 속히 저 세상으로 가고 싶다!"고 씌어 있었다.*

해방 이후 여성은 남성과 동등한 교육기회가 법적으로 보장되어 있었음에도, 경제적 빈곤과 전통적인 남녀 차별의 영향으

* 1953년 4월 3일자 『동아일보』에서.

로 남성과 동등한 교육기회를 향유할 수 없었다.

이러한 법적 평등과 현실적 불평등이라는 이중성은 여성교육의 목적, 여성교육의 내용을 둘러싼 논의에도 그대로 반영되었다. 여성은 남성과 다른 본성을 가지고 있고 사회적으로도 다른 역할을 부여받고 있다는 성역할 차이론에 근거하여, 여성교육은 남성교육과 다른 내용, 다른 목적을 가져야 한다고 강조되었다. 즉, 여성은 연약하고 얌전한 본성을 가지고 있기 때문에 여성에게 부여된 사회적 역할은 남성과는 근본적으로 다르며, 따라서 여성교육과 남성교육의 차이는 당연하다는 것이 1950년대 교육자들의 일반적인 교육철학이었다. 이러한 시각에서 강조된 여성의 역할은, 남편에게는 양처良妻이며 자식에게는 현모賢母인, 한마디로 남성에게 종속된 역할이었다.

현모양처를 양성하기 위하여 교육자들이 생각한 교육의 목적은 세 가지로 정리된다. 첫째는 국가통합의 원칙에 충실한 교육, 둘째는 실용성과 준전시체제에 적합한 교육, 셋째는 부덕과 모성애를 함양하는 교육이었다. 이 원칙은 1951년 이래 학교교육에서 1인 1기 교육, 즉 기술교육의 강조로 나타나 가정 과목에서는 양재, 재봉, 편물, 타자 등을 교육시켰다.

그러나 이것은 여성교육의 기본원칙과는 거리가 있었다. 사실 직업교육에서 중요한 위치를 차지하는 고등학교 교육 과정에서, 여성에게는 실업교육 대신 인문교육에 치중하도록 하는 정책이 일관되게 추진되었던 것이다. 이는 문교부*의 일관된 정

대부분의 인문계 고등학교에서는 학교 안이나 밖에 마련된 여학생 생활관에서 예절교육을 실시했다.
사진은 한복을 입고 예절교육을 받는 학생들의 모습이다.

책이었다. 이 시기 실업계 고등학교에서 여학생의 비율은 2~4%
정도에 그쳤다. 즉, 여성교육에서의 1인 1기 교육은 여성이 가
정 내에서 부업으로 할 수 있는 정도의 기술을 가르치는 것에 불
과했다.

모성과 부덕이라는 특유의 역할을 담당할 여성을 양성하자
는 교육원칙은 도의교육과 맞물려 전개되었다. 한국전쟁 이후
문교부는 '사회도덕의 타락과 학생풍기의 문란'에 대처하여 도
의교육**을 더욱 강화했다. 이에 따라 1954년 4월 문교부령 제
35호를 통해 고등학교에서는 '실천도덕' 과목을 개설하고, 중

---

* **문교부** 현재의 교육인적자원부의 전신인 문교부는 1948년에 중앙행정부서의 하나
로 출범했다. 이 명칭은 1990년 교육부로 개칭되기 전까지 사용되었다.
** **도의교육** 현재의 도덕교육을 의미한다.

학교와 초등학교에서는 연간 35시간 이상의 도의교육을 실시하도록 했다. 도의교육의 제창이 여성교육에 중대한 영향을 끼치게 된 것은 그 교육내용 때문이 아니었다. 그 제도 실시 자체가 여학생들의 생활을 실질적으로 감시·통제하고 여성을 사회적 규제의 대상으로 삼았다는 데 있었다.

여학생의 생활지도를 위한 담당 장학사 회의에서는 "부박*한 허영에 급급하여 여성으로서의 본분을 망각하는 예가 허다함에 비추어 각급학교로 하여금 생활지도관을 시설케 하고 부덕을 연마시키기 위한 방안"을 심의했다. 그리고 각 학교에 여학생 생활관을 만들어 체계적으로 부덕을 가르치기로 결정했다.**

여학생 생활관은 이후 모든 여자고등학교와 대학(교)에 설치되었고 여학생들은 이곳에서 전통예법과 서구식 예의를 배워야 했다. 양장이 보편화되었던 1970~80년대에도 여학생들은 한복을 차려 입고, 현모양처의 모범적 사례인 신사임당을 본받기 위해 전통예절을 배웠던 것이다.

---

* **부박** 실없고 경솔함.
** 여학생 생활관의 설립 취지와 목적은 다음과 같았다. "여성으로서 품격과 교양의 향상을 도모하고 한국적 여성의 품위를 갖추게 하여서 장차 사회에서나 가정에서 부덕을 겸비한 여성으로서 지도적 역할을 할 수 있게 연마시키고저 함이 목적이다. …… 〈지도분야〉 ① 신앙생활 ② 가정관계 : 대내화친, 질서예의, 복장, 언행, 친척 ③ 식생활 : 식사계획(영양경제), 식사준비 및 실행 ④ 대인관계 ⑤ 주택 ⑥ 가정경제 ⑦ 가정관리 ⑧ 신건위생 ⑨ 정서생활 ⑩ 위생 ……". 문교부가 발간한 『도의교육』 창간호에 실린 연희대학교의 「대학생지도의 당면문제」 중에서.

'엽기적인' 유관순과 '자애로운' 신사임당

여학교의 복도나 교실에서 가장 흔히 볼 수 있는 초상은 유관순과 신사임당이다. 입을 굳게 다문 경직된 표정의 유관순과 엷은 미소를 띤 신사임당. 한 사람은 민족독립을 위해 생을 받쳤다는 점에서, 또 다른 한 사람은 훌륭한 아들을 길러냈다는 점에서 여성교육의 귀감이 되었다. 그런데 유독 유관순의 초상을 두고는 여학생들 사이에 별별 흉흉한 소문이 떠돌았다. 유관순의 초상을 잘 보면 반은 남성이고 반은 여성이라는 등, 유관순의 초상에서 10가지 이상한 점을 발견하면 죽는다는 등, 여성 영웅 이야기는 그렇게 엽기적으로 해체되었다.

사실 여학생들은 유관순처럼 신념을 위해 고통 받는 삶을 살고 싶어 하지 않았다. 오히려 아들을 통해 더욱 빛났던 신사임당이 되고 싶어 했다. 그리고 '자애로운' 신사임당의 미소를 닮기 원했다. 신사임당이 남편 때문에 얼마나 마음 졸이며 살았는지, 친정을 그리워하는 마음이 어떠했는지는 그리 중요하지 않았다. 여학생들은 '자애로운' 미소 속에 숨겨진 고통은 알지 못한 채, 오직 희생과 인내의 화신으로서의 신사

여학교의 복도나 교실에 가장 많이 걸려 있었던 유관순의 초상이다. 이 사진은 유관순이 1919년 3·1만세운동으로 체포되었을 때 죄수복을 입고 찍은 것이다.
ⓒ 서대문형무소역사관

자애로운 미소를 띠고 있는 신사임당의 초상이다. 사회는 이 미소 속에 숨겨진 고통에는 관심조차 없었다.

임당을 배웠고 또 좋아했다.

현모양처의 표본으로 재현된 신사임당의 이미지는 박정희 정권의 교육목적과 일치했다. 사실 박정희 정권은 민족주의적 정서로 국민을 통합시키기 위해 신사임당과 이순신 장군 등을 본받아야 할 상징적인 모델로 정형화시켰다.

그러한 움직임은 1968년 국민교육헌장 선포와 1972년 유신체제維新體制*의 성립으로 극대화되었다. 유신체제는 국민교육헌장을 토대로 이른바 '국적 있는 교육', '반공교육', '충효교육'을 강조했다. 또한 문교부는 1972년 고등학생들에게 반공·민주정신이 투철한 국가관

* 유신체제　1972년 10월 17일 박정희가 전국에 비상계엄을 선포함으로써 시작된 유신체제는 '한국적 파시즘체제의 가장 완성된 형태'로 규정될 수 있다. 유신체제는 의회주의와 삼권분립의 헌정체제가 아닌 강력한 통치권을 대통령에게 부여하는 권위주의 통치체제다. 이는 국가 행정 능률을 극대화하고 사회를 조직화한다는 명분으로 개인의 자유와 민주주의 정치 활동을 제한한 독재체제였다. 특히, 대통령의 개인적인 의지에 따라 통제할 수 있는 통일주체국민회의를 설치하여 여기에서 대통령을 선출함으로써 박정희의 장기 집권이 가능하게 되었다. 그러나 1979년 박정희가 저격당하는 10·26 사태의 발생으로 유신체제는 붕괴되었다.

을 확립시키고, 국가비상사태에 기여할 수 있는 산교육을 실시하기 위해 화생방교육, 방공교육지침, 교련실기대회 운영지침을 만들었다. 남학생에게는 사격과 행군훈련에 대한 지침 등을 마련하여 이를 실시했고, 여학생에게는 환자간호, 응급처치, 화생방, 제식훈련 등을 교육하여 여학생도 국가안보를 위한 중요한 구성원임을 강조했다.

1970년대 후반부터 특히 강조된 '충효교육'은 전통적인 충과 효를 근본으로 하는 도덕교육과 안보교육을 철저히 하여 애국 애족하는 투철한 국민정신교육을 실현함을 그 내용으로 했다. 박정희는 1977년 2월 4일 문교부 연두순시에서 "인간을 존중하고 사랑하는 데는 여러 형태가 있겠지만, 그 중에 효가 가장 근본이라고 생각한다. 부모가 자식을 사랑하는 것이나 자식이 부모를 공경하는 것이 사람의 근본이다."라고 강조했다.*

이러한 국민정신교육의 강조는 생활관을 활용한 예절교육의 강화와 학생교육원의 설립이라는 결과를 불러왔다. 이 즈음 화랑교육원, 충무교육원과 함께 여학생 전용의 신사임당교육원이 설립되었다. 교육원은 명칭에서부터 삼국시대의 화랑정신 계승(화랑교육원, 1973년 설립), 충무공의 호국정신 계승(충무교육원, 1974년

---

* 문교부는 이에 따라 1977년 4월 '충효교육을 중심으로 한 도의교육의 강화 방안'을 마련했고, 서울시 교육위원회는 '경애교육'을 장학 방침으로 정하고 '부모에게 효도하기 지도 철저', '경애 및 우애정신의 생활화'를 지도내용으로 정했다.

설립), 신사임당의 얼 계승(신사임당교육원, 1977년 설립) 등 특정한 역사적 인물이나 단체를 내세워 한국적 '전통'을 복원, 계승한다는 설립목적을 강조했다.

현모양처의 양성소, 여학생 생활관

한국적 전통의 복원이 여성교육에 어떤 영향을 주었는지는 신사임당교육원의 『수련교본』에 잘 나타나 있다. 『수련교본』에는 '전통사상과 민족의 슬기'라는 제목 아래 '아내의 길', '어머니의 길', '며느리의 태도', '시댁식구들에 대한 태도' 등의 내용이 상세하게 서술되어 있다. 즉, 여학생과 여교사, 여성지도자를 위한 유일한 수련기관인 신사임당교육원이 교육대상자들에게 신사임당이라는 전통적 여성상의 제시를 통해 가장 바람직한 여성상은 현모양처라는 사상을 심어 주는 역할을 수행했던 것이다.

신사임당교육원이 여성지도자와 학교 임원 여학생들을 대상으로 운영되었다면, 여학생 생활관은 모든 여학생들을 대상으로 했다. 각 학교에서는 학교 옥상이나 외곽에 생활관을 설치하여 도덕, 예의범절, 요리법, 육아 등을 교육시켰다.

본교에서는 1956년 온돌방형의 주택 형태를 갖춘 생활관을 신축했다. 완전한 의식주 생활을 교육할 수 있도록 예법실 시

교 육 내 용	
1일	입소식, 침묵훈련, 레크리에이션, 명상시간, 심성훈련
2일	아침체조, 교양강좌(선배와의 대화), 탈춤, 심성훈련
3일	진학지도, 예절강좌, 캠프파이어, 촛불의식, 토론회
4일	어머니교실, 퇴소식

〈표 1〉 1980년대 경기고등학교의 생활관 교육일정(『경기백년사』에서)

설을 구비했다. 생활관 교육은 가정교육의 미비점을 보완해
주고 학교에서 배운 가정학의 지식을 실제로 연습해 보는 기
회를 갖게 했다.*

생활관 교육은 여학생이 미래의 주부로서 자신의 역할을 인
지하도록 하는 역할을 했다. 물론 남학생들도 일정기간 생활관
에서 교육을 받았다. 그러나 〈표 1〉과 〈표 2〉에 나타난 바와 같
이 교육대상이 여성인지 남성인지에 따라 생활관의 교육내용은
완전히 달랐다.

〈표 2〉의 일과표는 비록 1965년의 것이지만 이 내용은 1980
년대 말까지 큰 변화가 없었다.** 여학생들이 생활관에서 받은
교육이 의식주 관리나 전통예절이었던 데 반해 남학생들은 '침

---

* 창덕여자고등학교 동창회의 『창덕50년사』에서.
** 공주여자고등학교의 경우 1989년에도 생활관 교육내용이 가족관계, 식사관리, 의
복관리, 기본 생활습관, 전통예절 등이었다.

	지 도 내 용	실 습 내 용
1일	입주식, 가족 상호간 예의 및 자기소개, 책임분담 및 짐정리, 이불깃시치기	걸음걸이, 말씨, 문여닫기
2일	식단 짜기, 조리 시 주의점, 각 방의 사용방법	양식탁 다루기
3일	어머니께 편지쓰기, 남녀교제문제	차 다루기
4일	한복입기 및 한식예절	절 배우기
5일	손님 초대법, 다과상 차리기	꽃꽂이
6일	가정관리(주택미화, 정리정돈의 습관화, 가계부 토의)	반상 다루기, 과일 다루기
7일	식기소독, 가정오락	전기 용구 다루기
8일	몸가짐	오버, 넥타이, 두루마기, 기타 물건 다루기
9일	어머니 모시고 생활발표	선물포장
10일	실습 반성과 평가, 퇴소식	

〈표 2〉 1965년 중앙여자중고등학교의 생활관 일과표(『중앙60년사』에서)

묵훈련', '명상시간', '심성훈련' 등 자신을 뒤돌아보고 미래를 계획하는 내용이었다. 며칠간의 숙박교육에 불과하지만 생활관에서의 교육은 남녀에게 이처럼 전혀 다른 내용의 교육이어서 학생들에게 이미 내면화되어 있는 성역할을 더욱 강화시키는 역할을 했다.

한편 박정희 정권은 근대화와 경제 성장을 목표로 삼아 기술교육 입국立國을 강조했고, 그 결과 공업, 상업, 농업 등 실업교육이 강화되었다. 정부는 '경제 성장에 기여하는 교육'이라는 구호 아래 경제개발계획의 추진에 따라 필요해진 산업체의 기능 인력을 충족시키려고 실업계 고등학교를 중점적으로 육성했다. 이에 따라 1969년 실업계 학교는 전체의 52%에 이르렀고 학생 수는 전체의 45%를 차지했다. 특히 1962년부터 1969년까지 사이에 농업고등학교는 16%, 공업고등학교는 41%, 상업고등학교는 53%가 증가했고, 학생 수도 각각 18%, 65%, 101%가 증가해 상업고등학교의 수와 그 학생 수의 증가가 뚜렷이 나타났다.

이러한 현상은 1970년대에도 계속되어 1979년에는 상업고등학교 학생 수가 1970년과 비교하여 184%나 증가했다. 이는 주로 상업고등학교에 진학하는 여학생이 증가했기 때문이다.* 상업고등학교의 교육목표가 상업, 경영관리 및 사무에 종사하는 사람에게 필요한 지식과 기술을 습득시키는 데 있었으므로, 여학생 비율의 증가는 사무직 여성의 배출로 이어졌다.** 이 시기에 상업고등학교는 깔끔한 사무직 종사자를 양성하는 학교로 인식되었으며, 특히 은행에 취업한 학생들은 다른 이들의 선망의 대상이 되었다.

---

* 상업고등학교의 여학생 비율은 1967년 42%, 1975년 61%, 1985년 75%, 1990년 81%로 점점 증가했다.
** 1970년부터 1990년까지 상업고등학교 졸업자들 가운데 사무직 종사자는 1970년 65.9%, 1975년 58.5%, 1980년 51.0%, 1985년 51.8%, 1990년 63.9%를 차지했다.

【 어버이날이 아닌 '어머니날' 】

전통의 계승, 어머니날

어머님이 계시면 빨간 꽃을 다르시고 돌아가셨으면 흰 꽃을

답니다. 어떤 꽃을 다르실까요?*

어버이날에 부모님이 아닌 자식들이 꽃을 달았다니? 50년 전 어버이날의 풍경은 요즈음과는 사뭇 달랐다. 명칭도 '어버이날'이 아닌 '어머니날'이었다. 최초의 어머니날 행사는 1928년 조선청소년총동맹에 의해 개최되었는데, 동맹은 5월 두 번째 일요일을 어머니날이라고 이름 지었다. 그 후 주로 기독교 단체를 중심으로 어머니를 위로하는 소규모 행사를 개최했다. 해방 이후에는 1951년 대한부인회 서울시 간부회가 처음으로 행사를 개최했고, 이후 대한부인회는 5월 8일을 어머니날로 정하고 매년 기념식을 개최했다.

간헐적으로 몇몇 단체에 의해 개최되던 어머니날 행사가 국가적 행사로 승격된 것은 1955년 8월 30일 국무회의에서 5월 8일을 '어머니날'로 제정하면서부터다. 이에 따라 문교부와 보

---

* 김삼묘가 『새살림』 제6호에 기고한 「카네숑」 중에서.

건사회부는 1956년 5월 8일을 제1회 '어머니날'로 정하고 행사를 주관했다. 어머니날은 '모성애에 대한 은덕을 널리 찬양하는 기념일'이었다. 어머니날의 제정과 행사는 여성의 삶의 목표이자 지향점이 어머니이고, 끊임없는 희생과 인내가 어머니의 미덕임을 국가 차원에서 각인시키는 계기가 되었다. 모성애는 전후戰後 사회의 모든 사회악의 구원자로 표상되었는데, 어머니날의 제정은 이러한 이데올로기를 제도화하고자 하는 시도였다.

> 그 날은 모든 자녀들로 하여금 어머니의 은혜를 감사하게 하는 날이다. …… 어머니 마음의 본질은 사랑이다. 모든 이해를 초월한 사랑, 모든 수고를 즐겨 참고 받는 사랑, 자기 몸이 부서지는 한이 있을지라도 자녀의 빛나는 생을 위하여는 자기 몸을 초개草芥*처럼 내던질 수 있는 사랑, 얼마나 위대한가! …… 우리는 먼저 좋은 어머니가 되어야겠다. 우리 자신의 인격을 닦아서 자녀의 좋은 모범이 되어야 착하고 깨끗한 좋은 인재를 사회에 내어보낼 수 있다. …… 우리 어머니들은 해마다 이 날에 보람 있는 찬사를 부끄러움 없이 받아들일 수 있도록 자기인격 완성에 매진하자.**

---

* **초개** 지푸라기를 뜻하며, 쓸모없고 하찮은 것을 비유적으로 이르는 말이다.
** 조현경이 1955년 9월 6일자 『경향신문』에 기고한 「어머니다운 인격을—어머니날의 제정을 듣고」 중에서.

'어머니날' 을 맞이하여 행사의 일환으로 모범 어머니에게 표창장을 수여하는 모습이다.
이날에는 어머니들을 위한 위안대회도 개최했다.

어머니날 행사는 기념식 거행, 어머니날 노래 보급, 모범 어머니 표창, 어머니날 표식 착용 등으로 이루어졌다. '어머니의 사랑에 감사한다' 는 의미에서 어머니가 생존한 사람은 빨간 카네이션을, 사망한 사람은 흰 카네이션을 달도록 하여 이날을 기념하게 했다. 또 모든 여성은 더 '좋은' 어머니가 되기 위해 노력하라는 언사가 대통령을 위시하여 국가적 차원에서 이루어졌다.

어머니날을 맞이하여 국가는 미망인, 특히 전쟁미망인으로서 역경을 물리치고 자녀교육 등에 남달리 뛰어난 업적이 있는 어머니, 3명 이상의 아들을 전쟁터에 내보낸 어머니, 10명 이상의 아이를 출산한 어머니, 세 쌍둥이 이상을 출산하고 양육한 어머니, 가정교육에 공이 큰 어머니 등에게 상을 주고 이를 대대적으로 선전했다. 당시 어머니날에 빛나는 모범 어머니로 소개된 다음의 두 사례는 강인하고 헌신적인 어머니상을 그대로 보여준다.

박씨는 2년 전에 남편 정성태(33)를 잃었는데 이때 박씨의 나이는 26세, 그 슬하에 아들 셋, 딸 하나. …… 박씨는 인근 동대문시장에 나가 옷장사를 시작했다. …… 다음에는 떡장사를 했다. …… 아직도 탄력 있는 체격에 단정한 용모, 충분히 개가할 수 있겠지만 박씨는 자신보다 아이들이 더 중요하다는 것이다. 〈박화례 여사〉

당년 43세인 이씨는 지금으로부터 8년 전 전쟁이 한참일 때 남편 유무친(51세) 씨를 잃어 과부가 되었다. …… 도합 여섯 명의 자녀(3남 3녀)가 있었다. …… 먼저 시작한 것이 영등포역 앞에서의 떡장사였다. 떡장사 다음에는 술장사, 밥장사, 그리고 보따리장사 등등 …… 밤에는 틈이 있는 대로 바느질품팔이도 했다. …… 이렇게 온갖 고생을 겪어가면서 이씨는 아들 딸 공부시키는 것을 잊지 않았다. …… '아무리 가난해도 아이들을 버릴 수는 없었다.'고 말한다. 〈이옥순 여사〉*

* 1959년 5월 8일자 「동아일보」에서.

이렇게 '여성의 날'이 아닌 '어머니날'이 제정된 이유는 어머니인 여성에게 자부심을 심어 줌과 동시에 모든 여성에게 어머니 되기를 요구하기 위한 것이었다. 결국 모든 행사의 초점은 어머니에 대한 감사보다 어머니의 책임과 사명을 강조하는 데 있었다. 이는 당시 국가정책과 깊은 연관이 있다. 한국전쟁은 약 10만 명의 전쟁고아, 30만이 넘는 전쟁미망인과 이에 따른 1백만 명 이상의 부양자녀들, 부상으로 경제력을 잃은 아버지를 남겨 놓았고, 이들에 대한 국가의 보호는 유명무실한 실정이었다.

국가는 전쟁피해자에 대한 체계적인 보호와 구호대책을 마련하는 대신 권력의 유지와 군사력 강화에 더욱 힘을 쏟았다. 결국 국가는 그 책임을 '어머니'라는 이름으로 여성들에게 떠넘겼고, 어머니날은 여성에게 부여된 책임을 계몽, 선전하여 강조하는 수단이었다. 즉, '어머니날'의 제정은 어머니로서의 여성만이 완전한 여성이라는 이데올로기를 낳았고, 이는 어머니 개개인의 경험을 무시한 채 추상적이고 제도화된 어머니상을 만들어 냈다.

'어머니날' 제정의 또 하나의 효과는, 전통적인 여성상의 재현이었다. 국가와 사회단체는 끊임없이 '열녀', '효부', '절부節婦'*로 규정된 여성들을 모범의 대상으로 표창하고 그녀들의 삶

---

* **절부** 절개를 지키는 부인.

을 소개했다. 다음 사례들은 전통적인 여성상을 어떻게 전후(戰後)의 여성들에게 재현하고자 했는지를 보여 준다.

어지러운 세파에도 부모에게 효행하고 남편을 공경하며 이웃 사람을 돕는 미덕을 쌓은 효부·효녀·효자·열녀 및 인보상조자(隣保相助者)* 등 독행자(篤行者)**를 표창하는 표창식 및 상품 수여식이 어제 29일 상오 9시 30분 시청에서 이(이기붕) 민의원의장과 박(박술음) 사회부장관을 비롯한 주한 CAC사령관 램긴 대령, 미군사사청장 왓드리 대령이 임석한 가운데 거행되었다.***

장성군 서삼면 장산리 신기부락에 거주하는 김(47세)은 2년 동안 신병으로 고생하는 남편을 완치시키기 위해 갖은 노력을 다했으나 신통치 않아 사람고기가 제일 좋다는 말을 듣고 허벅다리를 도려내어 복약케 하여 회복시킨 사실이 있다 한다. 면민들의 칭송이 자자하고 본도 송(宋) 경찰국장은 감동하여 표창장을 수여했다.****

---

* **인보상조자** 이웃의 어려움을 도와준 선행자.
** **독행자** 성실하고 친절한 행실로 모범이 되는 사람.
*** 1954년 8월 27일자 『동아일보』에서.
**** 1954년 12월 24일자 『동아일보』에서.

부모를 섬기고 남편을 따름이 원만한 부도이겠으나 어지러워진 요즘의 사회에서는 또한 보기 드문 일이겠다. 당진군 합덕면 신흥리에 살고 있는 한(41) 여사는 10여 년 전에 남편을 여의고 그 후 철모르고 밥만 달라는 어린애들과 90세 노령의 시아버지 임씨를 모시고 억센 세파를 헤쳐 나가기에 밤잠도 이루지 못하며 바느질품을 파느니 떡장수를 하느니 손톱발톱이 다 닳도록 헌신하여 왔던 것이다.*

언론과 국가에서 훌륭한 여성으로 소개한 이들은 자기 살을 도려내어 남편에게 먹인 여성, 죽은 남편을 뒤따라 자살 기도한 여성, 효성이 지극한 효부 등이었다. 국가는 이처럼 전통적 가치를 실현하는 여성들을 끊임없이 찾아내 모범적인 사례로 소개했다. 그리고 모범 어머니와 절개 있는 아내 찾기는 어머니날의 연례행사로 자리 잡았다.

조상에 감사를, 부모에 효도를, 어른에 존경을

'어머니날'은 1973년부터 부모에게 효도하고 웃어른을 공경한다는 뜻에서 '어버이날'로 부르게 되었다. 이에 따라 1973년

---

* 1955년 5월 8일자 『경향신문』에서.

5월 8일부터는 '카네이션'을 부모의 앞가슴에 달아 주도록 하고 '조상에 감사를, 부모에 효도를, 어른에 존경을'이란 정신요강도 배포되었다. 이렇게 '어머니날'이 '어버이날'로 바뀌면서 어머니의 책임보다 자녀들의 의무가 강조되기 시작한 것은 유신체제와 깊은 관계가 있다.

박정희 정권은 1970년대 초 나라 안팎으로 위기에 몰리자 유신체제를 선포했다. 유신체제 아래서 박정희 정권은 서구의 자유민주주의는 우리나라 실정에 맞지 않는다며 '한국적 민주주의', '한국적 민족주의'를 주창했다. 이때 한국적 민족주의의 하나로 제기된 것이 바로 '충효사상'이었다. 박정희는 "동양사상의 근본은 충과 효다. 충은 국가와 민족에 대한 충성이고, 효는 부모를 잘 섬기는 효도다."라고 강조했다. 거리마다, 건물의 정문과 벽마다 충효라는 글자가 쓰였다. 또한 전통예절, 생활예절이 강조되면서 문교부는 '예절의 달'을 정하여 국민예절운동, 경로운동을 벌이고 가훈짓기운동을 전개하기도 했다.

'어머니날'을 '어버이날'로 변경한 것도 이러한 일련의 변화 가운데 하나였다. 아래의 사설은 변경 이유를 분명하게 밝히고 있다.

> 모든 사람들로 하여금 자신이 어디서부터 왔으며 누구에 의
> 하여 오늘이 있게 된 것인가를 자성할 기회를 갖게 함으로써
> 어버이에 대한 자식의 도리를 다하게 하고, 우리의 전통적 미

풍양속인 '효'를 자발적으로 가꾸어 나가도록 하자는 데, '어머니날'을 '어버이날'로 바꾸게 된 주된 까닭이 있지 않나 생각된다. …… 어버이에 대한 자식된 도리로서의 '효'의 개념적 및 실천적 대상은 어버이여야 할 것이며, 사회적인 어버이격인 노인에 대한 실천적인 '경로'도 그 성별에 따라 차별해서는 안 될 것이라 생각되기 때문이다. 어떻든 문제는 '어버이날'을 우리나라의 전래적 미풍양속인 '효'와 '경로'를 진작 부흥케 하는데 큰 뜻을 갖는 날로 되게 하는 데 있을 것이다.*

즉, '어버이날'로의 변경은 효와 경로사상을 전 국민을 상대로 교육하여 그 실천을 고취하려는 데 목적이 있었다. '효'와 '경로' 사상의 고취는 모든 사회관계를 가족적 관계로 전환시키는 것이었으며, 특히 '효'의 강조는 전통적 가치에 기대어 가부장의 권위를 높이는 효과를 가져왔다. 가부장에 대한 효는 국가에 대한 충성으로 확장되어 유신체제의 정당화로 이어졌다. 가부장에 대한 섬김은 국가의 안정과 행복을 위해 국가의 가부장인 대통령이 국민의 기본권을 제한할 수 있다는 논리를 정당화시켰다.

---

* 1973년 5월 8일자 『조선일보』의 「제1회 어버이날—효와 경로를 범국민적으로 가꾸자」 중에서.

1970년대 초등학교 6학년 사회교과서에 실린 내용을 보면 이러한 의도를 더욱 분명히 알 수 있다. "대통령은 나라가 큰 영향을 받거나 받을 염려가 있을 때, 긴급조치권을 써서 국민의 자유와 권리를 일부 제한할 수도 있다. 그러나 이와 같은 조치는 국가의 안정과 국민의 행복을 더욱 보호하기 위하여 임시로 취하는 것이므로 나라의 위험한 사태가 없어지면 즉시 해제하는 것이다." 국가의 안정을 위해 국민의 기본권을 침해해도 무관하다는 논리는 가족을 위해 일하는 가부장을 섬겨야 한다는 논리와 일맥상통한다.

제1회 어버이날을 맞아 박정희는 여학생들을 모아놓고 "어버이를 공경하는 우리의 미풍양속은 어버이의 일부가 곧 자식이며 자식의 일부가 곧 어버이라는 일체감 때문에 꾸준히 이어져 내려온 것"이라면서 "어버이날을 계기로 더욱 이 같은 미풍양속의 꽃을 피워 국민총화에 이바지해야 한다."라고 언급했다.

'어버이날' 기념식에서는 훌륭한 어머니, 효부·효자, 선행 노인 등을 표창했으며, 각급 단체와 학교에서는 부모의 은공을 기리기 위해 가슴에 '어버이날' 리본을 달고 경로사상을 주제로 한 백일장, 학예회, 운동회 등을 개최했다. 또 각 시도별로 장수한 사람, 훌륭한 어머니, 노인복지시설 책임자 등을 표창하고, 시·군 및 학교 단체별로 70세 이상 노인에 대하여 고궁 무료입장, 목욕탕·이용원의 반액할인제를 실시하기도 했다.

【 낡은 살림에서 새살림으로 】

대부분의 새내기 엄마는 갓난아기에게 젖먹일 시간을 일과
표에 기입했던 경험을 갖고 있다. 또한 목욕시키기, 모유
(분유)먹이기, 운동시키기에서 신생아의 발육상태까지 꼼꼼히 관
찰하여 기록하기도 했다. 이런 새내기 엄마의 육아일기는 근대
적 공장에서 규칙과 시간에 맞춰 일하도록 노동자를 길들이는
행위와 맞닿아 있다. 아기가 울 때마다 젖을 먹이는 것이 아니라
몇 시간 간격으로 일정량의 젖을 먹이는 행위는, '해 뜰 때부터
해 질 때까지' 식의 노동이 아닌 규칙적인 노동시간에 맞추어 일
하는 식의 시간관념을 연상시킨다.

이처럼 근대 사회에서 시간규율의 확립은 공장이나 학교뿐
만 아니라 일상적인 생활에도 적용되었다. 그 적용 과정의 하나
가 여성을 계몽*의 대상으로 하는 생활개선운동이었다.

---

* **계몽** '정신의 몽매한 상태를 계발하여 개화로 인도함'이란 뜻의 이 용어는 '보호'
라는 단어와 함께 해방 이후 현재까지 여성정책의 핵심적인 개념이다. '보호'란 윤락여
성, 전쟁미망인, 여성노동자 등 주로 가정 밖의 여성을 사회의 비윤리적(?) 유혹으로부
터 보호한다는 의미이며, 이와 반대로 '계몽'은 주부, 여학생 등 가정 안의 여성을 무지
몽매한 상태로부터 벗어나도록 한다는 의미로 주로 '살림 잘하기', '남편 잘 섬기기',
'자식 잘 가르치기'를 내용으로 한다. 즉, 여성정책은 그것이 '보호'든 '계몽'이든 가
정을 절대적 가치로 상정하고 여성은 무지몽매하며 가정을 벗어나서는 존재가치를 가
질 수 없다는 인식을 전제로 하고 있다.

의식주 생활의 서구화를 주요 내용으로 하는 생활개선운동
은 미군정기인 1946년 9월 여성문제를 전담하는 행정기구인 부
녀국이 설치되면서 본격적으로 시작되었다. 부녀국은 미군정기
동안 어머니 학교를 통한 계몽사업, 『새살림』지 발간, 생활개선
포스터 배부 등의 사업을 전개했다.

미군정기 교과서에 실린 의생활 개선에 대한 내용을 살펴보
자. "조선 부인들은 수백 년 이래 아무런 변천 없이 재래식으로
흰옷을 빨고 짓고 하기에 일생을 허비한다고 하여도 과언이 아
닐 것입니다. 그렇다고 외국 부인보다 위생적이냐 하면 결코 그
렇지도 못합니다. 근래에 와서 도회지 사람들은 다소 색옷에 대
한 관념을 가지게 되어 이용하는 이가 있으나, 전 조선 인구에
비하면 극소수입니다. …… 일상생활에 가장 밀접한 관계를 가
지고 있는 의복의 빛깔을 잘 선택하고 조화시킴으로 말미암아,
우리의 생활이 미화되고 합리화할 수 있다는 점을 의복의 책임
을 가지고 있는 우리 여자들은 특히 명심하여야 할 것입니다."

'색이 있는 옷을 입자'는 의생활 개선의 목표는 자주 빨아야
하는 번거로움의 해소, 즉 시간낭비를 하지 말라는 것으로 '미
국식' 시간개념, 생활개념을 도입하려는 시도였다.

부녀국 주도의 생활개선운동은 대한민국 정부 수립 후인
1949년 부녀국 내에 생활개선과가 신설되면서 본격화되었다.
부녀국이 주도한 주요한 생활개선운동으로는, 매년 2회에 걸친

국민생활합리화 강조주간을 통한 계몽활동, 국민생활합리화 3대 목표 제정, '신생활특수모범부락'의 설치 및 운영, 의례규범의 제정, 한국잠정영양규정의 제정 등이 있었다.

그러나 1950년대 초 생활개선운동의 실질적 전개는 전쟁으로 인한 후방지원사업이나 구호사업과 더욱 밀접히 연관되어 있다. 국가는 여성들에게 "남편과 아들과 오빠가 조국수호 정열의 싸움터에 혈투하고 있는 지금 그대들은 전선에서 싸우고 있는 그대들의 가족을 위하여 후방에서 그대들의 임무를 완수하라."라고 독려하면서* 파마 금지, 몸뻬바지의 장려, 전시생활복 판매 등 여성들의 일상생활을 통제하려 했다. 또한 대통령까지 나서서 절미운동을 제창하는 등 전시생활개선이란 명목으로 여성들에게 극도의 내핍생활을 강제했다.

이러한 전시생활개선의 내용은 생활의 과학화와 합리화보다는 전쟁비용의 충당을 위한 것이었으며, 나아가 관권으로 국민의 의식주를 비롯한 일상생활까지도 통제하려는 이승만 정권의 '충실한 국민 만들기'의 한 방식이었다. 또한 이를 위해 국민의 내핍생활을 강제하고 과학적인 생활을 추구한다는 목적의 '전시생활개선법'이 1951년 11월 제정·공포되었다.

법률의 주요 내용은 하오 5시 이후 음식점에서의 주류 판매

* 1951년 1월 20일자 『동아일보』에서.

금지, 특수음식점 영업 금지, 가무음곡歌舞音曲 금지, 필요시 정부에 의한 사치품 수입·제조·판매 금지, 전시에 적합하지 않은 복장의 제한 또는 금지 등 의식주 생활에 대한 금지규정이었다. 이를 관리, 감독할 기구로 전시생활개선위원회가 조직되었다.

전쟁 중의 생활개선운동이 내핍생활을 통한 군수물자의 조달 및 국민통합이라는 정치적 목적과 결합되어 있었다면, 전후의 생활개선운동은 생활개선의 본질에 접근하고 있다. 전후 생활개선운동이 본격적으로 추진된 것은 1954년 보건사회부에 의해 과학생활, 건설 및 부흥, 도의의 확립이라는 국민생활합리화 3대 목표가 제정되면서부터였다. 특히 실생활 개선과 관련하여 강조된 것이 "의식주에 관한 일상생활을 과학적인 기초 위에 현대화하고 간소화하고 합리화하도록 지도한다. 보건위생 관념을 함양하여 국민보건을 향상토록 할 수 있는 생활환경을 조성한다. 미신, 기타 재래의 나쁜 습성을 일소한다."라는 내용의 과학생활이었다.

이러한 목표에 따라 가정학 전공자나 지식여성이 중심이 되어 전개된 생활개선의 내용은, 의식주 생활의 개선과 모성보호·자녀양육, 미신타파가 주를 이루었다.

의식주 생활의 개선 방향은 비합리적이고 비과학적이라고 여겨진 전통적인 생활양식 대신 과학적이고 합리적이라고 간주된 서구적 생활양식을 채택하는 것이었다.

한국의 주택을 개조하자면 주생활양식을 좌식에서 의자식 생
활로 고쳐야 된다는 것과 난방장치의 개조와 부엌의 구조를
개선해야 된다. 좌식 생활이란 생활양식이 언제나 감기에 걸
리기 쉬운 상태에 놓여 있습니다. …… 좌식 생활을 하게 되
면 언제나 불결한 공기를 마시게 됩니다.*

부엌 개량에 대해서도 "일단 주부가 부엌 안에 들어서서 별
불편을 느끼지 않고 순조롭게 일을 하여야 할 것인데 우선 부엌
과 거실의 거리가 멀지 않아서 …… 상수도와 하수도 설비가 부
엌 내에 있어서 …… 부엌의 불편점과 조리하는 음식의 재료 등
의 불편점은 반드시 개량"이 필요함을 주장했다.**

이처럼 생활의 개선은 곧 서구식 생활로의 전환을 의미했는
데, 서구적인 생활은 바로 과학화와 합리화로 여겨졌다. 과학화
와 합리화의 강조는 모든 생활을 표준화, 계량화, 계획화하도록
선전 보급했다. 성인 1일 필요영양량, 건강한 유아의 발달상황
등에 대한 표준수치가 만들어졌고, 효율적이고 계획성 있는 시
간배분이 강조되었다. 이렇게 생활의 과학화, 합리화로 표상된
서구식 생활양식은 바로 근대화를 상징했고 동시에 전근대성을

---

* 김중업이 『여원』 1956년 9월호에 기고한 「한국가옥개조론」 중에서.
** 조임숙이 1955년 1월 3일자 『동아일보』에 기고한 「식생활의 개선문제―부엌과 음
식의 인습을 타파할 수 있을까?」 중에서.

1950년대에는 '자라는 노약자에게 양보하자!', '시간은 생명이다', '미신행위는 문화인의 수치다!' 등의 내용을 담고 있는 만화영화를 제작하여 수도, 국도, 국제, 단성사 등에서 막간을 이용하여 상영했다.

탈피하는 것으로 받아들여졌다.

생활개선운동의 또 하나의 방향인 근대적인 자녀양육과 어머니 역할의 강조는, 보건사회부 후원으로 창립된 '대한어머니회'에서 가장 분명하게 실천되었다. 대한어머니회는 대한여의사협회, 대한간호협회, 조산원협회, 여성문제연구원, 가정협회, 일본여자대학한국인동창회, 일본여의전한국인동창회 등의 발기로 1959년 창립되었다. 대한어머니회에서는 회원들을 중심으로 유아와 어머니 건강을 위한 산전·산후의 건강관리, 자녀지도, 가정경제, 가정법률 등에 대해 전문가의 강의와 영화 상영 등을 실시했다.*

실생활 개선, 모성보호와 함께 당시 생활개선운동의 또 다른 축을 이룬 것이 바로 미신타파운동이었다. 이는 아래 신문 기사에 나타나는 것처럼 생활개선운동의 주도자가 국가이든 지식여

---

* 대한어머니회 주최의 강연과 교양강좌의 주제는 '사춘기 자녀의 지도 문제', '혼기를 앞둔 자녀의 보건과 심리지도', '정신위생과 부모와 자녀의 행복', '임신 중의 부부생활', '주부가 알아야 할 긴급한 영양 문제', '겨울철의 산후 조섭(조리)', '어머니의 권리는 보장되어 있는가' 등이었다.

성이든 간에 여성은 무지하고 어리석다는 선입관에 근거하고 있음을 보여 준다.

> 조선여성처럼 미신을 잘 지키는 여성은 드물 것이다. 자기로
> 서는 가장 신여성을 자부하는 여성들이 이면에서 관상을 보
> 이고 점을 쳐서 부부애까지 판단하려는 어리석음은 도대체
> 어디에 있단 말인가? 무지의 소치라고밖에 인정할 수 없다.*

이러한 선입관 아래 가장 중점적으로 추진된 것이 '비과학적이며 부패한 미신행위의 근원이 되는' 음력을 폐지하고 양력을 전용하는 일이었다. 이를 위해 실시된 것이 바로 단일과세單一過歲**다. 단일과세는 무비판적인 서구추종주의의 한 단면이었다. 단일과세의 추진은 도덕적 가치와 무관하게 형식에 연연하는 우리식의 근대화를 보여 주는 하나의 사례다. 전근대적 가치는 문제 삼지 않고 외형만 서구적 형태로 변형하는 것을 근대적이라고 간주하는 방식은, 국민의 자발적 동의보다 국가의 개입으로 강제되고 강요된 것이었다. 이러한 방식은 국가의 추진을 거부하는 모습으로, 혹은 내적 갈등을 수반하는 변형된 행태로 현실에서 나타나 갈등을 초래했다. 그 결과 30여 년간에 걸친 국

---

* 1950년 1월 15일자 『경향신문』에서.
** **단일과세** 음력설을 쇠지 않고 양력설을 쇠는 일.

가의 강제에도 불구하고 단일과세는 실현되지 않았고, 아직도 '양력 1월 1일'이 아닌 '설날'이 전 국민적 명절로 받아들여지고 있다.

여성의 노동력을 활용하기 위하여

쿠데타라는 비민주적 방식으로 집권한 박정희 정권은 정통성을 확보하기 위해 도덕성의 확립과 반공의식의 고취를 강조하는 동시에, '잘 살아 보자!' 식의 경제개발계획을 추진했다. 그러나 산업기반이나 과학기술의 토대가 없는 상태에서 추진된 경제개발계획은 노동력 동원과 소비절약을 통한 자원동원에 기댈 수밖에 없었다. 따라서 남녀를 불문하고 값싸고 순종적인 노동력을 동원하여 경쟁력을 확보하는 것이 박정희 정권의 최대 정책과제가 되었다.

이에 따라 박정희 정권은 노동력 재생산과 소비절약의 단위인 가정을 중시하고, 사회와 국가발전의 기초는 건전한 가정에 있다는 점을 강조했다. 이러한 전제 아래에서 여성은 가정을 책임지는 어머니로서, 자녀양육자로서, 가정관리자로서의 역할에 충실해야 했다.

우리의 공동 사회는 가정을 기본 단위로 성립된다. 가정의 건전 없이 사회가 건전할 수 없다. 가정의 '여왕'은 주부다. 그러므로 건전한 주부 없이 가정이 건재할 수 없다. 주부는 가정을 지키고 자녀를 건전하게 양육함으로써 국가와 사회의 장래를 담당한다. 그러므로 정계나 교육계 또는 예술계에서 두각을 나타내는 여성에게 보내는 찬사보다도 건전하게 가정을 지켜 건전한 자녀를 양육하고 은혜로운 모성으로 시종하는 여성에게 드리는 칭송이 더욱 높고 영광스러워야 할 것이며 또 당연히 그런 것이다. …… 주부가 각 방면으로 봉사하여 그 건전을 돕는다는 것은 …… 나라와 사회의 생명운동이어서 인간을 만들어 내는 착실하고 거룩한 직책임을 기억해야 할 것이다.*

건전한 사회의 기초로서 가정을 강조하는 일은 국가재건국민운동, 신생활운동, 새마을운동을 거치면서 여성의 정신적 개혁을 강조하는 교육으로 행해졌다. 국가와 사회는 각종 강습회, 부녀교실사업, 재건부녀회 · 가족계획어머니회 · 새마을부녀회 · 생활개선구락부 등 여성조직을 통해 여성들에게 근대적 윤리를 가르쳤다.

여성들에게 가르친 근대적 윤리란 '근면하고 검소한 가정생활을 영위할 것', '허례허식을 없애고 가정의례준칙을 잘 지킬

---

* 1963년 11월 25일자 『대한일보』에서.

것', '적은 수의 자녀를 낳아 잘 키울 것', '위생과 영양을 고려
하는 서구식 주부의 태도를 가질 것' 등이었다. 이는 가정에서
근대화의 과업을 잘 수행하고 가정을 더욱 건전하게 만들어 국
가발전에 이바지하라는 것이었다.

박정희 정권 아래에서 진행된 생활개선운동의 기본 방향은
1961년 7월 25일 발표된 「재건운동본부실천사항」에 잘 나타나
있다. 그 내용은 용공중립화* 사상의 배격(이후 승공민주이념**의 확
립으로 수정), 내핍생활의 여행勵行***, 근면 정신의 고취, 생산 및
건설 의식의 증진, 국민 도의의 앙양, 정서 관념의 순화, 국민 체
위의 향상 등이었다.

특히 실질적인 생활개선사업과 관련된 '내핍생활의 여행' 항
목은 잡곡혼식, 가정에 고용인을 두지 말 것, 주부의 가계부 작
성, 국민 간소복(맘보바지) 착용, 고급요정 출입금지, 부녀자의 귀
금속 장신구 착용금지, 예식 간소화를 그 내용으로 하고 있다.
이는 국가재건국민운동과 새마을운동의 추진기간 동안 강력하
게 시행된 혼분식 장려, 근로복 착용, 가계부 작성, 의례준칙 제
정 등의 모태가 되었다.

이 시기에 추진된 생활개선운동이 1940~50년대에 추진된

---

* **용공중립화** 공산주의의 주장을 인정하고 그 운동에 동조하는 것.
** **승공민주이념** 공산주의에 대한 승리를 추구하는 이념.
*** **여행** 힘써 행할 것을 장려함.

생활개선운동과 다른 점은 '근대화' 라는 구호였다. 즉, 미군정기와 이승만 정권기의 생활개선운동이 '무조건적인 서구화' 를 의미했다면 이 시기의 생활개선운동은 보다 근본적인 생활의 합리화, 계획화, 간소화를 의미했다. 이는 시대적 요구이기도 했다.

경제개발계획의 진행에 따라 여성, 특히 미혼여성의 취업이 급격하게 증대했고, 농촌에서는 도시로 떠난 젊은 남성들을 대신하여 여성들이 농사에 나서는 시간이 많아졌다. 여성의 사회적 노동의 증가는 필연적으로 개별 기혼여성의 노동을 증가시키고 여성의 피로를 증가시켰다. 박정희 정권 아래에서 추진된 생활개선운동은 이러한 문제에 대한 대응인 동시에 시간·물자·노력의 절약운동이었다.

이 시기 생활개선운동이 이전과 완전히 다른 형태임을 보여주는 대표적인 사례는 '가족계획사업' 으로 명명된 산아제한운동이었다. 사실 여성의 노동 가운데 가장 힘들고 많은 시간을 필요로 하는 것이 출산과 육아인데, 한국 사회는 전통적으로 자녀를 많이 낳는 '다산' 을 미덕으로 여기고 있었다. 따라서 출산과 육아를 담당해야 하는 기혼여성에게 생활개선이나 교육, 사회참여는 그야말로 '그림의 떡' 에 불과한 헛구호였다. 또한 분단과 전쟁으로 극도로 피폐해진 경제체제 아래에서 과다한 인구는 실업의 증가, 식량 부족, 사회적 비용의 증가를 의미했기 때문에 산아제한은 여성의 생활수준 향상과 경제 발전을 위해 필수적인 조건으로 인식되었다.

그러나 1950년대까지 산부인과 의사, 여성계 인사 등 일부에서 제기된 산아제한은 비도덕적이고 비전통적인 것으로 간주되어, 국가와 사회에 의해 공식적으로 받아들여지지 않았다. 여성들은 빈번한 출산과 육아에 시달렸고, 이를 피하기 위해 건강을 해치면서 낙태를 시도했다. 낙태를 위한 가장 전통적인 방식은 키니네, 아스피린, 항암

"잘 키운 딸 하나 열 아들 안 부럽다"라는 표어가 적힌 1970년대의 산아제한 포스터다. 산아제한운동은 여성의 사회진출에 일정 부분 기여했다.

제, 설사약, 호르몬제 등의 약을 먹거나 무거운 물건을 들고 힘든 일을 하고 높은 곳에서 뛰어내리는 등 외부적인 충격을 주는 것이었다. 그러나 이는 실패할 가능성이 높은 데다가 여성의 생명을 위협하는 경우도 많았다.

이러한 현실 속에서 '가족계획'이란 구호 아래 산아제한운동이 본격적으로 도입되었다. "잘 살아 보자."라는 경제 구호와 함께 제기된 생활개선운동과는 거리가 있어 보이는 '가족계획사업'은 실제로는 생활개선운동과 밀접한 연관이 있다. 이 사실은 다음의 인용문이 잘 보여 준다.

무질서하게 낳으라는 것이 아니고 계획적이고 낳고 싶을 때에 적당한 수를 낳아 잘 길러서 충분한 교육을 받게 하여 아내는 물론 가족 전부가 행복한 생활을 할 수 있도록 하자는 것이므로 가족계획의 목적은 …… 모자 보건의 향상, 자녀의 자질 향상, 여성의 해방, 교육시설 및 교통난 등이 해결됨으로써 생활의 합리화와 가정의 행복을 얻으려는 것이다.*

이러한 목적의 가족계획사업은 여성에게는 출산과 육아노동의 감소를 의미했으며 궁극적으로는 전통이라는 이름의 가부장제적 억압에 균열을 가져왔다. 비록 남아선호사상에 따른 부작용도 연출되었지만 최소한 오늘날 다산을 더 이상 미덕으로 여기지 않게 되는 계기가 되었다.

박정희 정권이 추진한 생활개선사업은 분명 여성생활의 향상에 많은 기여를 했다. 그러나 재건국민운동, 가족계획운동, 새마을운동 등으로 명명된 다양한 형태의 생활개선운동은 근본적으로는 산업화 과정에 여성을 동원하기 위한 목적을 띠고 있었다. 따라서 여성의 지위를 근본적으로 향상시키는 데까지 나아갈 수는 없었다. 또한 다른 정책들과 마찬가지로 여성정책, 생활개선사업과 관련된 정책들 역시 실적 위주로 진행되었다.

---

* 정희섭이 국가재건최고회의에서 발간하는 『최고회의보』 1962년 제13호에 기고한 「가족계획 시책의 재검토」 중에서.

즉, 수치화된 목표를 설정하고 '몇 % 달성', '몇 % 초과달성' 하는 식으로 진행되어 여성들의 경험과 정책의 실행 과정을 중시하지 않아 획일화된 방향으로 몰고 갔다.

사
회
가
만
들
어
낸
위
험
한
여
성

한국 사회에서 바람직한 여성상은 현명한 어
머니와 양순한 아내였다. 따라서 학교교육이나 사회교육의 일
차적 목적도 현모양처의 양성이었다. 현모양처 이데올로기는
교과목이나 드라마, 강연회 등을 통해서 학습되었다. 그리고 사
회는 현모양처의 타자他者로서 '위험한 여성'의 이미지를 생산
했다. 즉, 사회는 여성을 정상적 질서와 규범을 존중하는 현모
양처와 질서와 규범에서 벗어나 늘 유혹의 눈길을 보내는 위험
한 여성으로 이분화시켰다.

다음의 삽화는 '남이 좋아하는 여자'로 전차에서 노인에게

자리를 양보하거나 짐을 들어
주는 여성, 남의 집 흉을 볼 때
입을 봉하고 있는 여성, 집을
청결히 하는 여성, 남의 집에
들어가기 전에 매무새를 살피
는 여성, 남 앞에서 웃거나 말
할 때 입을 가리는 여성, 어떤
좌석에 가든지 조용한 태도로
앉아 있는 여성, 친지가 찾아
왔을 때 잡담보다는 그림책을
내놓는 여성을 들고 있다.

반면 아래쪽의 삽화에 나
타난 '남이 싫어하는 여자'는
남의 옷이나 물건의 값을 묻
는 여성, 찾아온 손님을 오래
기다리게 하는 여성, 집안일
을 하면서 젖가슴이나 넓적다
리를 내놓는 여성, 전차 안에
서 눈을 크게 뜨거나 입을 벌
리고 다리를 꼬고 앉는 여성,
길에 다니면서 부채질을 하거
나, 온몸을 비비 꼬고 활개짓

위쪽은 '남이 좋아하는 여자', 아래쪽은 '남이 싫어하
는 여자'라는 제목의 삽화다. 최영수 화백이 그린 『신
동아』 1932년 10월호에 실렸던 이 삽화는 당시 여성
에 대한 인식을 잘 보여 준다.

을 하는 여성, 어린애들이 울든 말든 떠드는 여성, 쉽게 골 내고 쉽게 웃는 여성, 들에 나가서 함부로 드러눕는 여성이다.*

이처럼 '마리아와 요부' 라는 이분법적 도식은 가정에서 자신의 본분을 충실히 하는 여성은 존경받고 충분한 보상을 받는 행복한 이미지로 그려지는 반면, 가정 외의 다른 영역에서 활동하는 여성은 우스꽝스럽고 타락한 이미지로 그려졌다.

【 근대의 상징 신여성 】

미스코리아여 단발하시오

오늘날에는 여성 일반을 지칭하는 '여성' 이란 용어에 친숙하지만, 몇 십 년 전만 해도 여성이란 말보다 '부녀婦女' 라는 용어를 주로 사용했다. 부녀라는 호칭이 얼마나 친숙했는가는, 미군정기 '조선 부인의 사회, 경제, 정치 및 문화적 개선을' 목적으로 만든 행정부서의 명칭이 부녀국인 것에서도 확인된다. 부녀는 결혼한 여자와 결혼하지 않은 여자를 총칭하는 용어로, 독립된 존재가 아니라 '남편' 의 존재에 의해 규정된 종속적인 가족 관계를 상정한다. 즉, 여성 일반을 부녀라고 부르는 것은 여성

---

* 「신동아」 1932년 10월호 중에서.

을 가족 안의 존재로 규정하는 것이다.

그렇다면 부녀가 아닌 여성이란 호칭이 맨 처음 쓰이기 시작한 것은 언제일까? 그것은 1920년대 신여성의 등장과 함께 사용되기 시작했다. '신여성'이란 호칭은 신여성을 자처하는 일부 여성들이 자신의 존재를 드러내기 위해서, 혹은 사회가 그런 부류의 여성들을 비난하기 위해서 사용했다. 비록 생소하긴 했지만 신여성이란 호칭은 여성 일반을 부녀가 아닌 여성이라 부르게 된 계기를 마련해 주었다.

신여성은 영국의 'new women'에서 유래했는데, 'new women'은 반½남장 차림으로 '여성의 투표권'을 요구하거나 남자처럼 담배 피우는 모습으로 상징되었다. 유럽에서 유래된 'new women'을 일본에서는 新婦人(신부인), 新しい女(신여성 · 신여자) 등으로 번역해 사용했다. 이후 일본에 유학 중이던 한국 유학생들을 중심으로 신여성이란 말이 1910년대부터 조금씩 쓰이기 시작해서, 1920년대 도시 중심의 지식인 사회에서는 대중적인 용어가 된다. 초기 신여성은 '새시대의 유일한 선구자, 창작자'로 숭배되고 찬미되었고, 이 같은 신여성에 대한 사회적 관심은 1920년대 중반 절정에 달했다. 이는 근대에 대한 열렬한 동경 및 추구와 흐름을 함께 하는 것으로, 신여성들은 곧 근대의 상징으로 여겨졌다.

신여성들이 사회적 관심을 끈 이유는 첫째, 그녀들의 외양이 달랐기 때문이다. 뾰족구두, 양장, 양산, 모자, 어깨에 두른 숄,

여학생 옷차림의 신여성을 풍자한 만화다. 밑에는 '공부가 너무 골돌하여 차리고 나온 꼴이 앞머리 깡동 자르고 저고리 주책없이 길고 굽 높은 구두로 쓰러질 듯한 걸음걸이' 라고 쓰여 있다.

안경 등은 신여성의 상징이었다. 특히 왼쪽의 그림과 같이 개량한복을 입고 구두를 신고 거리를 활보하는 신여성의 모습은 전근대 사회에서는 쉽게 찾아 볼 수 없는 광경이었다. 양장, 장신구, 구두의 착용은 서구의 유행에 대한 호기심에 불과했을지라도 상당한 용기를 요구하는 모험이기도 했다.

특히 여성의 단발은 사회적 찬반논쟁을 불러일으킬 정도였다. 신여성, 모던걸을 모단毛斷(modern의 발음과 유사하다)이라고 표현할 정도로 단발은 당시 여성

---

* **강향란** 기생출신으로 1922년 머리를 깎고 남장을 하고 남자들이 다니는 강습소에 나감으로써 당시 사회에 큰 충격을 주었다. 뒤에 사회주의 여성운동가 강석자로 변모하여 근우회에 참가했다.

** **이월화** 본명은 이정숙李貞淑이다. 진명보통학교를 졸업하고 이화학당을 중퇴했다. 토월회의 〈부활〉에서 카튜샤 역을 맡아 인기를 모았고, 홍보영화 〈월하月下의 맹세〉에 출연하면서 널리 알려졌다. 그녀는 1920년대 영화계의 대표적 배우로 활동했으나 토월회 박승희와의 사랑에 실패한 이후 배우로서의 활동을 사실상 중단했다.

*** **김명순** 김동인의 소설 『김연실전』의 모델로 알려진 개화기의 신여성이다. 1911년 진명여학교를 졸업하고 1917년 『청춘靑春』지를 통해 문단에 데뷔했다. 그 후 시집 『생명의 과실』을 출간하고 폐허의 동인, 매일신보 기자, 배우 등으로 활발한 활동을 했으나, 도쿄로 건너간 후에는 작품을 쓰지 못할 정도로 가난에 시달렸다.

에게 구시대의 의식을 버리고 새로운 문명을 맞이한다는 것을 의미했다. 남성의 단발이 위로부터 강제되어 짧은 시기에 일회성 사건을 통해 이루어졌다면 여성의 단발은 여성들 스스로에 의해 비교적 긴 시간에 걸쳐 서서히 실현되었다. 신여성 가운데 단발한 최초의 여성은 기생 출신으로 이후 사회주의자로 변신한 강향란姜香蘭*이었다. 그 후 배우 이월화李月華**, 소설가이자 배우인 김명순金明淳*** 등이 그 뒤를 이었다. 또한 사회주의자인 허정숙許貞淑****과 주세죽朱世竹***** 등도 구제도에 대항한다는 의미에서 단발을 감행했다. 단발한 여성에 대해 사회적 비난이 쏟아졌지만 「미스코리아여 단발하시오」란 다음의 글에서 알 수 있듯이, 단발은 곧 여성해방으로 간주되었다.

"어서 단발하시구려." 하고 내가 만약에 어떤 여학생에 권한다면 그는 아마도 얼굴을 붉히고 그의 위신을 상한 듯이 노할는지도 모릅니다. 아직까지도 단발은 진한 '루쥬', '에로', '곁눈질' 등과 함께 '카페'의 '웨이트레스'나 서푼짜리 가극

**** **허정숙**　배화여자고보와 일본 간사이 학원을 거쳐 미국에 유학했다. 1930년부터 옌안延安에서 항일운동을 하다 해방 후 귀국했다. 그 후 1945년 조선공산당 선전 선동부 부부장을 시작으로 1972년 최고인민회의 상설회의 부의장, 노동당 중앙위원회 비서를 맡았고, 1986년에는 제8기 대의원에 뽑혔다.
***** **주세죽**　1921년 허정숙의 소개로 박헌영과 만나 결혼했다. 1925년 경성여자청년동맹을 조직했으며 조선공산당에도 관여했다. 조선여성동우회를 조직했고, 1927년에 창립된 근우회의 중앙집행위원으로 활동했다. 1929년 박헌영과 모스크바로 유학가서 동방노역자공산대학에 입학했다.

의 '댄스 걸'들의 세계에 속한 수많은 천한 풍속들 중의 하나로만 생각되고 있는 조선에서는 그의 분노도 당연합니다. …… 누구인가 현대를 3S(스포츠, 스피드, 쎈쓰)라고 부른 일이 있었지만 나는 차라리 우리들의 세계의 첫 삼십 년은 단발시대라고 부르렵니다. '보브'(단발의 일종)는 '노라'로서 대표되는 여성의 가두진출과 해방의 최고의 상징입니다. 단발의 여러 모양은 또한 단순과 직선을 사랑하는 근대감각의 세련된 표현이기도 합니다. …… 지금 당신이 단발했다고 하는 것은 몇천 년 동안 당신이 얽매여 있던 '하렘'에 아주 작별을 고하고 푸른 하늘 아래 나왔다는 표적입니다. 얌전하게 따서 내린 머리 그것은 얌전한 데는 틀림없지만 거기는 이 시대에 뒤진 봉건 시대의 꿈이 흐릅니다. …… 새시대의 제일선에 용감하게 나서는 '미스코리아'는 벌써 모든 노예적 미학에서 자유로울 것이며 그의 활동을 구속하는 굽높은 구두, '크림'빛 비단양말, 긴 머리채는 벗고 끊어 팽개칠 것입니다.*

투사적 의지이건 여성억압에 대한 반발이건 정절의 증명이건 생활의 편리함을 도모하기 위해서건, 단발은 당시 여성들에게는 대단한 용기를 필요로 하는 사회에 대한 도전이요 반항이었다. 즉, 단발은 여성해방의 표상이었다.

-----

* 『동광』 1932년 8월호의 「미스코리아여 단발하시오」 중에서.

지식인 남성의 시선

그러나 신여성의 외모가 사회적 비난의 대상이 되는 데는 오랜 시간이 필요치 않았다. 구제도의 상징이었던 장옷 대신에 쓴 양산, 버선과 고무신 대신에 신은 양말과 구두, 간결한 치마 같은 신여성의 외양은 남성에게

『별건곤』 1927년 12월호에 실린 구두 한 켤레 값이 벼 두 섬임을 말하는 삽화. 김규택 화백이 신여성의 허영과 사치를 풍자한 것이다.

성적 욕망을 일으키는 자극제로 변질되었고, 일상의 유행으로 전락되었다. 위쪽의 '구두 한 켤레=벼두섬'이라는 삽화는 신여성을 사치스런 여성, 방탕한 여성으로 표현하고 있다. 지식인 남성들은 신문이나 잡지의 삽화뿐만 아니라 소설이나 글을 통해서도 신여성을 '사치'와 '거짓' 등의 용어로 조롱했다.

한 가지 의미로 보면 그들은 온갖 묵은 것으로부터 해방은 되었으나 그렇다고 아무런 새로운 것도 갖지 못하고 다만 양장과 부평초 같은 아주 무정견한 것과 사람 흥분시킬 미를 갖고 있을 뿐이다. 그들은 왈 XX주의자이고 왈 XX애호가이고 엄청나게 긴 정강이 소유자이고 교묘한 말뿐새를 내고 초코렛트를 씹고 두 볼에 곤지 찍고 두서너 잔 술에는 얼굴이 얼른

붉어지지 아니하고 문학이나 그림을 경멸히 보고 더구나 시쯤은 똥오줌 대접이다. 비평은 좋아하나 아무것도 창작은 못하고 책은 제법 보는 척하지만 변변한 책은 읽지 않는다. 독신생활은 곧 주장하면서 뒤로는 사나이를 곧잘 사귀고 임신조절이니 산아제한이니 굉장히 떠들지만 결혼하자마자 배가 똥똥해가지고 다니게 된다.*

신여성에 대한 부정적 시선은 양장한 외모에만 국한된 것이 아니었다. 신여성들은 외모뿐만 아니라 '무정견', '왈XX주의자'라는 조롱을 받으며 그녀들의 활동과 지적 능력까지 의심받았다. 지식인 남성들은 근대 교육을 받고, 장옷과 한복을 개량한복이나 양장으로 바꾸어 입는 신여성의 행위와 외양이 구제도로부터의 해방이 아닌 오직 성적 욕망을 불러 일으켰을 뿐이라고 단정했다. 왜 사회는 신여성들에 대해 조롱과 비난으로 일관했는가.

신여성에 대한 부정적 시선은 이전과 다르게 살아가는 여성들의 경험에 대한 사회의 두려움과 경고의 표현이었다. 이미 앞에서 '신여성'이 전통적으로 남성의 영역으로 간주된 권리나 노동, 남성의 외양을 주장했던 'new women'에서 유래했다고 밝힌 바

---

* 『별건곤』 1927년 12월호의 「모던걸, 모던보이 대평론」 중에서.

있다. 1920년대 조선 땅에서 신여성의 의미 또한 여기에서 조금도 벗어나지 않는다. 개화기 이후 일부 여성들은 공식적 교육을 받게 되었으며 사회 활동을 시작했고, 전근대적 가족

박경신 화백이 그린 '꽃보다 다리구경'이라는 제목의 이 삽화에는 신여성의 외모에만 관심을 두었던 남성들의 시선이 잘 나타나 있다. 1934년 5월 3일자 『조선일보』에 실린 것이다.

제도와 규범의 문제점을 지적했으며 전문직이든 공장노동자든 경제 활동의 영역에 진출하기 시작했다.

신여성은 이러한 변화의 토대 위에서 안으로는 전근대적 결혼과 가족제도에서 벗어남으로써, 밖으로는 사회 활동과 경제 활동을 시작함으로써 이전과는 다르게 살아갈 수 있었다.

순결한 몸

정치적 입장이나 사상을 초월해 모든 신여성이 반발하고 투쟁하려 했던 대상은 바로 가부장제였다. 전통적 가부장제를 뛰어넘은 새로운 가정이야말로 여성해방을 약속하는 이상적 공간이었다. 신여성은 전근대적 가부장제와의 투쟁을 통해, 자유연애에 의해 이루어진 새로운 형태의 가정에서의 현모양처상을 그 이상적인 자화상으로 삼았다. 그러나 사회는 신여성들이 전통적

결혼제도, 가족제도로부터 일탈하는 것을 방관하지 않았다.

김명순, 김원주金元周*, 나혜석羅蕙錫**, 허정숙, 박화성朴花城*** 등 신여성들의 자유분방한 연애는 끊임없이 언론을 통해 보도되었다. 그리고 동물원 원숭이를 보듯 호기심 어린 눈으로 신여성들을 바라보는 세상 사람들의 시선은 그들의 사회적 생명을 점점 소멸시켰다.

사실 식민지배 아래에서 지식인 남성들은 공적 영역에서 여성들이 활동하는 것에 거부감을 가지고 있었다. 결국 그들이 이제 막 움트기 시작한 여성들의 사회 진출 욕구를 억압하고 여성을 가정에 귀속시키기 위해 선택한 것은 그들의 활동을 성적 타락으로 연결시키는 것이었다. 지식인 남성들은 이전과 다른 방

---

* **김원주** 외할머니의 도움으로 1916년 21세에 이화학당 예과를 졸업하고 일본에 유학하여 영어를 공부했다. 귀국해 연희전문학교 교수 이노익과 결혼하여 남편과 빌링스 B.W.Billings부인의 후원으로 1920년 3월 『신여자』를 발간하고 주간이 되었다. 이때부터 시와 소설을 발표하기도 했고 나혜석과 더불어 폐허의 동인으로 활발한 활동을 했다. 이후 출가하여 수덕사에서 오랫동안 수행했다.

** **나혜석** 한국 최초의 여성 서양화가다. 1918년 일본 도쿄여자미술학교 유화과를 졸업하고, 1920년 김우영金雨英과 결혼했다. 조선미술전람회 제1회부터 제5회까지 연달아 입선했고, 1921년에는 한국 여성화가로는 최초로 개인전을 가졌다. 세계일주 후 귀국 도중 파리에서 그린 정원화庭園畵가 도쿄의 이과전二科展에 입선되기도 했으나, 1929년 이혼한 후로는 공주의 마곡사에 들어가 수도생활을 했다.

*** **박화성** 숙명여고를 졸업하고 1929년 일본여자대학 문학부를 수료했다. 그는 1925년 『조선문단』에 「추석전야」를 발표하여 문학계에 첫발을 디뎠다. 1930년 장편 『백화白花』를 동아일보에 연재하는 한편 『동광』지에 「하수도공사」를 발표하여 문단에 주목을 받았다. 이후 예술원상 · 한국문학상 · 은관銀冠 문화훈장 등을 수상했다. 대표작으로는 『백화』, 『사랑』, 『고개를 넘으면』 등이 있다.

식으로 살아가는 여성들을 신여성으로 구별하면서 그들이 순결
하지 않다고 주장했다.

여성들은 좋은 어머니가 되기 위해 순결한 몸과 정신을 간직
해야 했다. 그러나 사회는 여성들의 사회 활동이나 경제 활동이
성적 타락으로 귀결되고, 마침내 여성의 순결한 몸과 정신을 파
괴하게 될 것이라고 두려워했다. 과거가 있는 여성도 결혼과 사
랑의 대상이 될 수 있지 않느냐는 기자의 발언에 대한 당대 문사
文士들의 반응을 기록한 다음의 사례는 당시 사회의 폐쇄성과 후
진성, 신여성에 대한 두려움을 적나라하게 드러낸다.

> 김안서* : 결국 그것은 기분 문제인데 암만하여도 어느 구석
> 엔가 께림한 점이 있을걸요.
>
> 김기진** : 어느 생물학자의 말을 듣건대 일단 딴 남성을 접
> 한 여자에게는 그 신체의 혈관의 어느 군데엔가 그 남성의 피

---

* **김안서** 김소월의 스승 김억으로 더 잘 알려진 김안서의 본명은 희권이다. 오산중학
을 졸업하고 일본 게이오 의숙 문과를 중퇴한 후 잠시 교편을 잡았고 동아일보와 경성
방송국에서도 근무했다. 그는 1941년 이후 조선문인협회 간사, 조선문인보국회 평의
원 등을 지낸 대표적 친일파 작가의 한 사람으로 한국전쟁 때 납북되었다. 1923년에 간
행된 그의 시집 『해파리의 노래』는 근대 최초의 개인 시집이다.
** **김기진** 호는 팔봉이고 배재고보를 거쳐 일본 릿쿄 대학 영문학부를 중퇴했다.
1925년 '카프(조선프롤레타리아예술가동맹)'를 창설한 김기진은 1940년 무렵부터 친일작
품을 발표하여, 그 후 친일문예조직의 중추적 인사가 되었다. 한국전쟁 때에는 종군작
가단조직에 관여했고 1960년 『경향신문』 주필을 거쳐 1972년에는 펜클럽과 문인협회
의 고문이 되었다.

가 섞여 있지 않을 수 없대요. 그러기에 혈통의 순수를 보존

하자면 역시 초혼이 좋은 모양이라 하더군요.

김안서 : 제 자식 속에 딴 녀석의 피가 섞였거니 하면 상당히

불쾌한 일일걸요. 여자측은 어떻게 생각하는지 몰라도.*

이 같은 혈통의 순수를 보존하기 위해 여성의 정숙을 강조하는 전근대적 사고는 과학이라는 이름으로 합리화되었다. 육체적으로 순결하지 않은 여자는 반드시 정신적으로도 순결하지 않다는 논리는 우리 사회의 뿌리 깊은 남성 중심주의, 부계주의의 하나다. 따라서 순결하지 못하다고 여겨진 신여성들은 처벌받아야 했고, 그녀들은 끊임없이 위험한 여성으로 간주되어 감시의 대상이 되었다.

최초의 여성화가이자 근대 화단의 서양화 작가 중한 사람인 나혜석이 1928년에 그린 〈자화상〉이다.

이러한 현실의 중압감은 나혜석의 자화상에도 그대로 드러난다. 나혜석의 자화상은 어두운 배경에 머리와 옷도 모두 어두운 색이다. 광대뼈가 드러난

* 『삼천리』 1930년 6월호의 「만혼타개 좌담회」 중에서.

야윈 볼의 그는 시름에 찬 검은 눈으로 정면을 바라본다. 최초의 여성 서양화가라는 위치만 가지고도 자부심을 가질 수 있었을 텐데, 그의 자화상에는 그런 자신감과 자부심이 아닌 우울과 고통이 가득 차 있다.

반면 식민지 말기에 군국주의적 미술단체에 가입하지 않고, 거의 유일한 순수 미술단체였던 신미술가협회를 만들어 소극적이나마 체제에 맞서 창

이쾌대가 1949년 무렵에 그린 〈두루마기 입은 자화상〉으로 그의 자신감이 엿보인다.

작 활동을 했던 월북 화가 이쾌대李快大의 자화상은 나혜석의 그것과는 전혀 다른 느낌이다. 위의 그림에서 두루마기를 걸치고 '나는 환쟁이오!' 하고 선언하듯 화면 정면에 위치한 이쾌대는 그림 그리는 일에 대한 자부심과 자신감이 넘쳐난다. 나혜석과 이쾌대는 같은 시대를 살았지만 이처럼 세상을 바라보는 시선은 전혀 달랐다.

【 훼손된 조국 '기생' 】

기생에 대한 두 가지 이미지

우리가 교과서에서 만났던 기생은 황진이, 논개, 퇴기의 딸 춘향 등이 있다. 그 중 춘향과 논개는 정절과 충절의 상징이었다. 우리가 학교에서 충절과 절개의 상징으로 논개를 배우고 있을 때, 한편에선 외화벌이의 수단으로 기생관광이라는 이름의 국가적 차원의 성매매(매춘관광)가 자행되고 있었다. 우리에게는 역사 속의 존재인 '기생'이 일본인에게는—기생관광으로 인해—식민 시대 이후에도 계속해서 '조선'의 상징이었다.

근대사에서 기생은 그들을 어떤 입장에서 바라보느냐에 따라 두 가지로 이미지화되었다. 조선남성의 입장에서 보는 기생은 순결을 상실한 더러운 몸이었다. 낭만주의적 사랑에 입각한 일부일처제가 엄격히 적용되던 근대에, 기생은 없어져야 할 존재이며 남성의 천박한 쾌락을 대변하는 상징적 존재였다.

그러나 기생은 다른 한편으로는 민족의 상징으로 재현되기도 했다. 지식인 남성들은 춘향으로 대표되는 정절을 지키는 기생의 전통이 '없어진 민속'임을 애석해 했는데, 그들의 눈에 기생은 '없어진 조국'처럼 훼손당한 존재였다. 예컨대 춘향은 일제 시대 대중문화에서 현실의 기생과 동일시되었을 뿐 아니라, 끝까지 굴하지 않는 민족정신의 상징으로 읽히면서 영화, 음반, 연극, 소설, 시 등 다양한 형태로 소비되었다.

또한 기생들의 사회적 진출이 활발해지면서 그들의 돌출적인 외양과 행동은 봉건적인 인습에 매여 있던 세인들의 주목을 받았다. 아직 조선 사회가 인습과 관례에 얽매여 있을 1920~30년대 기생들은 가장 먼저 그 억압의 고리를 끊어 버린 존재들이었다. 이러한 면모는 이미 1919년 3·1운동에서 잘 드러난다. 수원에서 병원으로 진료를 받으러 가던 기생들이 만세운동을 벌였고, 통영과 진주 등에서도 기생 가운데 검거된 사람이 적지 않았다. 당시 사람들은 이들을 '사상기생'이라 불렀다. 기생이었다가 사회주의자로 변모한 강향란이나 정칠성丁七星*같이, 기생들은 생활양식과 패션은 물론 새로운 사상도 먼저 실천하는 모습을 보여 주었다. 기생들은 새롭게 등장한 언론이나 잡지, 영화 등의 대중적 공간에 자주 등장하며 대중문화의 한 부분을 차지했다.

사진엽서와 일본 제국주의 남성

기생은 식민지 남성에게는 순결하지 않은 몸이자 대중문화

---

* **정칠성** 기생출신으로 3·1운동 뒤 화류계를 떠나 사회주의 서적을 탐독했고 여성동우회 발기에 참가했다. 그 후 일본 동경기예학교에서 유학하면서 여성사회주의자 모임인 삼월회를 조직했다. 1926년 봄에 귀국하여 이듬해 근우회의 중앙집행위원으로 활동했으며 기관지 『근우』의 편집인으로 활동했다. 1930년에는 조선공산당사건과 관련되어 검거되기도 했다.

아래는 1890년경 궁중에서 향악무(궁중무의 일종)를 추기 위해 대기 중인 기생들의 모습이고, 위는 20세기 초반의 기생들의 모습이다. 이 두 기생엽서는 남성의 시선 변화를 보여 준다.

전파자의 이미지였지만, 일본 제국주의 남성에게는 어떠한 고난이 와도 정절을 지키는 춘향처럼 '조선의 전통'을 고수하는 상징이었다. 이러한 기생의 이미지는 일제 시대에 만들어진 그림엽서나 사진엽서에 실린 기생들의 모습에서 분명하게 드러난다.

사진엽서는 관광지, 서점뿐만 아니라 철도역, 호텔, 기차간, 사진관 등에서 관광지도와 함께 판매되었다. 조선을 여행하는 일본인 관광객들은 값싼 사진엽서를 통해 쉽게 조선의 이미지를 접할 수 있었다. 기생들의 사진엽서는 '기생사진', '기생언자妓生嫣姿(기생이 웃는 모습)', '청초 우아한 조선미인집', '조선풍속 기생'이라는 이름으로 4장 또는 8장씩 세트로 판매되었다.

여행자나 주둔 군인이 식민지의 문화나 모습을 담은 엽서를 사거나 본국의 친지에게 보내는 행위는, 그들의 영광스러운 정복을 알리는 것이자 식민지에 대한 피상적인 지식을 본국의 대중들에게 제공하는 것이었다.

따라서 기생들의 사진엽서는 제국주의 남성과 식민지 여성이라는 명백한 권력관계를 상징한다. 실제로 기생과 아무런 접촉도 없었던 일본인 남성조차, 기생을 담은 작은 사진 한 장을 손에 넣고 있음으로써, 일제가 획득한 식민지 여성을 소유했다는 환상을 가질 수 있었다.

특히 1900~1910년대 초에 제작된 그림엽서와 1930년대에 제작된 사진엽서를 비교하면 제국주의 일본 남성이 지닌 '시선'의 변화를 알 수 있다. 식민지 초기에 조선 기생을 바라보는 일본인 남성들의 시선은 일반적인 풍경 그림엽서나 풍속 그림엽서를 보는 것과 같은 호기심으로 가득 차 있었다. 이는 서양인들이 동양의 이국적 풍경과 풍습을 카메라에 담는 것처럼, 단순한 '문화 차이'에 대한 호기심에 가까웠다. 앞 페이지의 아래쪽 사진에서처럼 관기를 찍은 사진엽서들은 주로 여성의 육체가 아닌 그녀가 입은 복식과 춤에 시선을 맞추고 있다.

그러나 1930년대 이후의 기생 사진엽서는 보이는 대상으로서의 기생, 즉 여성의 육체를 재현하는 일에 보다 충실해진다. 1935년 이후에 나온 그림엽서는 기생을 '소유'하려는 듯한 일본인 남성의 시선을 보여 준다. 이 시기에 제작된 사진엽서의 가장 두드러진 특징은 대부분의 기생들이 한복을 입고 있다는 점이다. 그것도 신여성들이 즐겨 입던 개량한복이 아닌 긴 치마저고리 차림이다. 또 하나의 특징은 이마 한가운데나 좌우 한쪽으로 치우쳐 가르마를 타고 옆으로 빗어 넘긴 쪽진 머리다. 쪽진 머리는 당시 결혼한 여성의 일반적인 머리모양이었다.

그러나 조선의 기생들은 사진엽서에서 보이는 외양과 다르게 실제로는 여학생들과 함께 유행을 주도했다. 기생들은 개량한복에 땋은 머리를 하거나, 옆 가르마를 타 머리를 갈라 빗어 머리 뒤에다 넓적하게 틀어 붙이는 트레머리, 머리를 치켜 올려 빗어 정수리에 틀어 얹은 팜프도어를 했다. 혹은 단발도 하고 파마를 하기도 했다. 조선의 요리집은 지식인과 부르주아의 거점이요 살롱이었으며, 기생은 이들의 들러리로서 새로운 문화에 대해 가장 먼저 익숙해진 사람들이었다. 이들은 가수나 영화배우가 되고 다방 마담으로 자리를 바꾸어 앉으면서 지식인들과 깊은 교분을 맺었다.

당시에는 신여성의 외양이 그대로 기생들의 외양이기도 했다. 경성 시내에 있는 권번券番*에서 사회풍기 유지라는 명목으로 기생들의 학생복장과 양가여자와 같은 차림을 금지시키기도 했다는 기사**를 보면 기생들이 여학생들의 외양을 따라했음을 알 수 있다.

그런데 왜 사진엽서에는 양장하고 단발한 모던걸 차림이 아닌 쪽진 머리에 한복을 입은 기생들만 있는가? 그것은 일본 제국주의 남성에게 기생은 바로 조선의 전통, 특히 정절을 지키는 전통적인 여성상의 재현이었기 때문이다. 그녀들의 사진은 주로 고궁이나 한옥, 병풍이 있는 온돌방을 배경으로 했다. 실외의 경우 창경궁, 경복궁, 덕수궁 같은 궁궐이나 비원, 평양의 대동강, 서울의 한강, 성문이나 정자의 돌다리, 석탑 등 역사적이고 전통적인 장소와 건물을 배경으로 하는 일이 많았다. 또한 사진엽서에 속의 기생들의 자세는 카메라를 정면으로 응시하지 않고 대개 약간 비스듬히 서서 눈을 내리깔고, 조금 부끄러워하는 표정을 짓거나 미소를 띠고 있다.

---

* 권번 기생조합.
** 1923년 1월 29일자 『동아일보』.

엽서에 나타난 이러한 기생의 이미지는 신윤복의 풍속화에 나타난 기생의 이미지와는 사뭇 다르다. 그의 풍속화에 나타난 기생은 남성에게 먼저 수작을 걸거나 춘화를 보며 즐기기도 하는 등 결코 정지된 모습이 아니다. 풍속화 속에 있는 기생들은 보이기 위한 대상이 아니라 자신들의 세계에 몰입해 있는 여성이다. 그러나 정면으로 카메라를 응시하지 못하는 사진엽서 속의 기생은 항상 무엇인가에 기대는 나약한 여성으로 상징화되어 있다.

이는 사진엽서 속의 기생 이미지가 식민지 조선을 지배하는 제국주의 일본인 남성의 시점을 반영하고 있기 때문이다. 기생은 일본 제국주의 남성에게 조선의 전통적 이미지이면서 동시에 일본식으로 재생산된 이미지를 가지게 되었다. 또한 현실에서도 과거의 기생문화가 일본식으로 변화했다. 관기제도가 없어지자 일본은 기생들을 모아 1910년 8월 기생조합을 만들고 기생학교를 공식적으로 제도화함으로써 이들을 다시 양성하기 시작했다. 이후 기생조합은 일본식 명칭인 권번으로 바뀌었다. 이와 같이 기생은 조선의 전통과 무관한 것으로 변질되었음에도 여전히 기생의 이미지는 조선의 전통으로 재현되어 제국주의 일본 남성의 지배 욕구를 충족시키는 도구가 되었다.

조선 전통의 상징인 기생은 해방 이후에도 일본인 남성에게 는 조선의 대표적 이미지로 남아 있었다. 특히 1970년대 이후 한국관광협회에서 나온 포스터나 기생관광의 양상은 이러한 이 미지를 더욱 심화시켰다.

외화획득의 명분으로 일본인 관광객을 대상으로 시작된 기 생관광은, 1970년대 초반 이후 박정희 정권의 적극적인 지원정 책에 힘입어 본격화되었다. 1973년부터 관광기생들에게는 허 가증을 주어 호텔 출입을 자유롭게 하는 한편, 통행금지에 관계 없이 영업할 수 있도록 했다. 이에 힘입어 일본인 관광객의 수는 비약적으로 증가하여 1979년에는 약 65만 명에 이르렀다. 1978 년 한국이 성매매를 통해 일본인에게서 벌어들인 수입이 7백억 원*에 이르는 것으로 추산될 정도였다.

일본항공사가 해외여행자들을 위해 발간한 가이드 시리즈 17호 『한국의 여행』이라는 소책자는 기생 파티를 다음과 같이 소개하고 있다.

한국의 밤을 장식하고 즐거웁게 하려면 먼저 기생 파티를 필 두로 시작하지 않으면 안 된다. 그리고 화려한 민족의상인 치

---

* 약 1억 5천만 달러로 1978년 총수출액 127억 달러의 1.18%를 차지하는 금액이다.

마저고리를 입은 기생 서비스의 밤은 만점으로 정평이 나 있다. 기생 파티의 매력에 이끌리어 한국을 여행하는 관광객도 있다고 한다. 기생 파티는 현재 한국의 대표적인 관광명물 중의 하나가 되었다. 한국의 여행사에서는 조직적으로 스케줄에 기생 파티를 필수적으로 집어넣어 주고 있다.

일제 시대 '조선 정서가 짙은 평양기생학교를 방문해서' 라는 제목의 여행지 그림엽서가 발행될 정도로 평양기생학교가 유명 관광지가 되었듯이, 1970년대에도 기생관광은 한국을 대표하는 관광코스 중의 하나였다. 관광객보다 더 많은 수의 여성들을 한 줄로 세워 두고 마음에 드는 여성을 손님이 손가락질하여 고르는 방법은, 예전 기생 사진엽서를 고르는 행위와 닮아 있다.

이런 짝짓기를 경험하고 돌아간 어느 일본인 관광객은 "노예시장에서 노예를 고르는 기분이었다."라고 잡지에 기고하기도 했다. 아마도 여전히 제국주의 남성으로서 식민지 여성을 노예처럼 고르는 심정을 가지고 있었던 것이 아니었을까. 그렇기에 '기생' 들은 일본 남성에게 식민지 시대뿐만 아니라 해방 후에도 침탈하고 싶은 '조선' 의 여성을 상징하는 이미지로 남아 있었다.

【 자유부인 가정방문기 】

한국전쟁 이후 사회에서 여성의 성은 논란거리 가운데 하나
였다. 논란의 핵심은 잘못된 성의식과 행위로 인해 여성의 성이
왜곡된 형태로 폭발하여 사회악을 조장한다는 것이었다. 그 대
표적 사례가 소설과 영화로 대중에게 친숙해지면서 사회적 고
유명사가 된 '자유부인'이다.

『자유부인』은 소설가 정비석이 1954년 1월 1일부터 8월 6일
까지 서울신문에 연재한 소설이다. 작품에 묘사된 성윤리와 소
설의 상업성을 둘러싸고 작가와 대학교수, 문학평론가, 변호사
까지 가세한 논쟁이 일어났다. 이 소설은 단행본으로 출판되어
14만 부 이상이 팔리는 등 엄청난 문화적 충격을 일으켰다. 또
한 1956년에는 영화로 제작되어 서울에서만 13만 명의 관객을
동원하는 등 한국영화를 부흥시킬 정도로 큰 성공을 거두었다.

『자유부인』을 둘러싼 논쟁은 '집 나간 노라'는 용서받을 수
없을 뿐만 아니라, 사회가 결코 허용해서는 안 된다는 결론으로
끝났다. 이는 기혼여성을 건전한 여성들, 즉 부덕을 지키는 현
모양처와 경박한 여성들, 즉 '사치와 허영에 날뛰는' 자유부인
형으로 구분하는 계기가 되었다.

전쟁은 여성으로 하여금 남성의 역할에 대신하여 진출하게

되었다. …… 여성계를 풍미하고 있는 첨단적인 사조는 부화

浮華*, 경조輕兆**, 사치, 방종을 일삼는 나머지 '자유부인'이

란 새로운 용어를 만들어·내게 되었다. 그러므로 건전한 여성

군이 있는 반면에 경박한 여성군이 있어 지나친 사치와 허영

에 날뛰게 되었음은 확실히 어두운 그림자이었음을 말하지

아니할 수 없었다.***

　　나쁜 여성들은 사치와 허영에 빠져 가정을 뛰쳐나온 '자유부

인'으로 표상된 여성들이었다. 그런데 이러한 자유부인형 여성

상이 1956년 6남매를 남기고 음독자살한 실직운전수 사건으로

허구가 아닌 현실이 되었다. 기혼여성이 직업을 갖게 되면 허영

에 빠지고 결국 가정을 파괴한다는 데 실직운전수의 자살 동기

가 있다고 말해졌다. 즉, 예고된 불행이라는 지적이었다.

　　실직운전수의 자살 사건이 있었다. 실직을 하고 나서부터는

　　생활이 엉망이었던가 보다. 그의 아내되는 임과 상의한 결과

　　아내로 하여금 직업여성으로 사회에 내보내서 활동시켜 보겠

　　다고 골라잡게 한 것이 미용사라는 것이었다 한다. 여성으로

---

* **부화** 　실속은 없고 겉만 화려함.
** **경조** 　말이나 행동이 진중하지 못하고 가벼움.
*** 한국연감편찬위원회가 만든 『한국연감, 1957』에서.

서 허영의 발원지인 미장원이라는 데에 발을 들여놓았다는 그 자체부터가 임으로 하여금 설사 윤락의 구렁에까지는 빠지지 않았다 하더라도 지나친 사치심을 갖게 한 것이며 그 때문에 외출이 잦아서 남편으로 하여금 의처증을 갖게 한 것이라 할 밖에 없는 일이다. …… 김의 자살은 허영심과 사치심에 들뜬 뭇 여성들에게 한 경종이 되지 않을 수 없을 것이다. …… 미용사란 직업을 선택한 그 시초부터가 그에게 불행을 예약했던 것이라고 볼 수밖에 없다. …… 무엇 때문에 남편과 많은 어린 것들을 버리고 오래 집을 나가 있었으며 또 몸이야 깨끗이 가졌거나 않았거나 간에 남편에게 의심을 사서 마침내는 남편으로 하여금 자살이란 막다른 길에까지 이르게 하였나 말하자면 결론은 허영에 사로잡혔던 것이 집을 나간 동기라고 단정하지 않을 수 없다.*

여론은 실직운전수의 자살이 바로 여성의 허영심에서 비롯되었다고 할 뿐, 가장의 실직이 가정경제의 불안을 의미하며 그 자체가 가정파괴의 원인일 수도 있다는 사실은 거론조차 하지 않았다. 즉, 여성은 전후 사회의 황폐화를 초래한 장본인으로 지목되었고, '자유부인'을 둘러싼 논의는 바로 이런 상황에서 여성들을 향한 가장 적절하고 효과적인 대응이었다.

---

* 나절로가 『여원』 1956년 4월호에 기고한 「주부허영의 비극」 중에서.

'자유부인'에 대한 논의는 첫째, 여성노동력 통제의 한 방편으로 생산 영역에 진출한 여성들을 가정이라는 영역으로 귀환시키고자 한 것이었다. 이를 위해 사용한 것이 성차별적 이데올로기로, 여성의 사회라는 공적 공간으로의 진출과 성적 방종을 동일시한 것이다. 사회는 이를 통해 그녀들을 다시 가정에 귀속시키려 했다.

그러나 수십만 명의 전쟁미망인, 만성적인 실업, 높은 물가고, 낮은 임금이라는 현실은 여성노동을 지속적으로 필요로 했고 또 권장했다. 여성들의 가정복귀가 어려운 현실에도 불구하고 가정으로의 복귀를 강조한 것은 여성노동을 일시적이고 보조적인 노동으로 간주하려는 의도에 따른 것이다. 이는 여성의 사회 활동에 대한 남성들의 두려움의 표시였다. 남성 중심의 사회는 불건전한 기혼여성의 이미지인 자유부인을 교정함으로써 이 두려움을 없애려고 했다.

정비석은 '노라들이 가두에 나와서 건전한 직업전선으로 나가는 모습을 혹은 건전한 여성상을 그려 달라'는 사회의 요구에 「자유부인가정방문기」라는 글로 답했다.

> 이태만에 만나는 오여사는 …… 보랏빛 저고리에 곤색 네이
> 론 스란치마를 입은 그의 차림새는 중년여인으로서의 교양미
> 와 가정부인으로서의 침착성만이 엿보일 뿐, 계에 미치고 댄

스에 혹해 돌아가던 이태 전의 천박한 티는 추호도 찾아볼 길이 없었다. …… 영화에 대한 감상을 말하는 데도 직접 자신을 내세우지 않고, 남편의 의사를 대변하는 형식을 취하는 것도 전에는 볼 수 없었던 신중성이었다.*

'교정된 자유부인' 오선영은 한복을 간편한 생활복으로 대체하자는 생활개선운동이 강력하게 전개되고 있던 시기에 한복을 곱게 차려입고 나타나 자신의 생각도 남편의 의사인 양 표현한다. 이제 오선영은 가부장에 순종하는 주부로 교화되었다.

둘째, '자유부인'에 대한 논의는 여성의 성애性愛를 관리하고 통제하려는 시도였다. 『자유부인』의 주인공 오선영의 남편 장태연은 이 소설에 등장하는 사회적 양심과 비판적 지식을 갖춘 유일한 인물이다. 따라서 그만이 전후 사회의 부패와 성적 타락을 바로 잡을 수 있다. 그런 그의 역할을 상징적으로 보여 주는 것이 영화 〈자유부인〉의 포스터다. 포스터는 오른쪽에 전면에 걸쳐 상반신만 나온 장태연과 왼쪽에 양품점 사장과 포옹하는 오선영의 모습이 사선으로 배치되어 자못 긴장감이 흐른다.

그러나 위에서 두 사람을 내려다보는 남편 장태연의 시선 속에서 그 긴장감은 이내 사라지고 만다. 여기서 우리는 '고양이

---

* 정비석이 『여원』 1956년 5월호에 기고한 「소설후일담-자유부인가정방문기」 중에서.

1956년 상영되어 큰 인기를 모은 영화 〈자유부인〉은 많은 사회적 논쟁을 불러일으켰다.

앞에 쥐'격인 오선영을 쉽게 상상하게 된다. 장태연과 오선영의 긴장감은 불균등하고 일방적인 것이어서 남편의 승리로 끝날 수밖에 없음을, 결국 어떠한 형태의 사회적 혼란도 전통적인 가부장제 질서에 의해서 해결될 수 있음을 포스터를 통해 쉽게 짐작할 수 있다.

또한 〈자유부인〉에서 여성의 성애는 재생산적 측면보다는 소비적·상품적 측면과 맞물려 있었다. 자유부인이 평범한 어머니와 아내에서 에로틱한 성적 대상으로 부각되는 것은 그녀가 서구 상품의 소비자가 되는 순간부터다. 오선영은 양품점에 취직하면서 한복에서 양장으로 갈아입고 짙은 화장을 하고 춤을 배우고 밤늦게 남자들과 거리를 돌아다닌다. 여기에서 양장은 단순한 유행이 아니라 정숙한 여성에서 유혹적인 여성으로, 남편이 아닌 다른 남성들의 시선의 대상이 되었음을 의미한다. 즉, 자유부인의 성애는 서구 상품에 의해 매개되고 그것에 의해 표현되었다.

몸뻬와 댄스홀

1950년대 사회에서 서구는 곧 미국을 상징했는데, 미국은 부러움의 대상이자 수치심을 불러일으키는 대상이었다. 미국에 대한 이중적 감정은 미국문화를 가장 먼저 수용했다고 간주된 여성들의 성을 묘사할 때도 적용되었다. 여성들은 서구문화, 즉 미국문화를 적극적으로 수용했고, 결국 전통의 질서와 가치를 붕괴시킨 장본인으로 간주되었다. 따라서 여성들의 육체, 의복, 행위 등은 다양한 사회집단의 관심 대상이었다.

여성의 의복에 대한 규제는, 관공서에 출입할 때 일바지라 불리는 '몸뻬'의 착용을 권장하고 양장을 금지하는 것으로 나타났다. 양장을 착용한 여성은 '사치와 허영'에 빠진 여성들로 묘사되거나, '노출증 환자' 혹은 '나이롱 광(狂)'들로 묘사되었다. 양장은 원조로 보내온 구제품에 섞여 들어왔는데 처음에는 몸에 맞든 안 맞든 개의치 않고 입었다. 그 결과 피난생활 중 양장한 여성들이 급속도로 많아졌다.

그러나 양장의 착용은 "오늘날 우리 주부들 중에는 양부인의 맵씨를 본따는 분이 있지 않은가 생각합니다."라는 지적처럼 미군을 상대하는 성매매 여성과 동일시되었고, "남들이 희한한 옷을 입었으니까 나도 입어 본다."는 사치와 허영을 상징하는 것으로 취급되었다.* 그리고 사치는 모든 사회악의 근원으로 인식

---

* 고재봉이 『새살림』 1957년 제5호에 기고한 「허영과 사치를 버리자」 중에서.

되었고, 허영과 유행은 여성범죄의 주요 원인으로 지적되었다. 결국 모든 사회악의 근원은 여성의 육체와 연결되었다. 여성의 육체는 원색적이고 부패한 사회상으로 재현되었으며, 이는 역설적으로 여성의 순결한 육체를 이상적인 것으로 부각시켰다.

성에 관한 문제가 중대한 사회적 관심사가 되었던 1950년대 사회에서─『자유부인』에서 외부와의 매개 고리가 댄스였을 만큼─댄스는 그 중심에 있었다. 댄스는 여성의 허영심을 조장하고 성을 타락시키는 하나의 근원으로 지적되어 철저한 단속의 대상이었다. 따라서 경찰은 무허가 댄스홀을 폐쇄 조치하거나 그 출입을 금지시켰다. 이와 함께 댄스를 막는 데는 가족의 감시가 무엇보다도 효과적이라고 설득했다. 다음 내용은 현모양처를 만들기 위해서 부모는 자녀를, 남편은 아내를 감시해야 한다는 주장이다.

> 지금 우리나라 여성들의 허영심을 조장하는 또 하나의 근원은 이른바 댄스라는 것이다. 댄스란 우리나라 여성에게 절대 금물이라고 본다. 일반 가정의 부모나 그 지아비된 사람들은 자신부터 처신을 크게 삼가야 될 것이고 어버이된 이들은 아들 딸들을 일상 경계해야 될 것이며, 남편된 사람은 자기의 아내를 항상 감독해야만 될 것이다.*

---

* 나절로가 『여원』 1956년 4월호에 기고한 「주부허영의 비극」 중에서.

그러나 여성들에게 댄스는 '심리와 감정에 혁명적 변화를 일으키'며 남성과 접촉하는 '기회를 더 많이 가져다주는 것뿐이지 부도덕한 행동을 직접 만드는 것은 아니'라는*지적처럼, 댄스로 인한 남녀의 신체접촉은 분명 전시대와는 다른 방식이었다. 1961년 여원사가 600명의 남녀 대학생을 대상으로 설문조사한 결과, 댄스가 좋다는 남학생은 31%, 나쁘다는 남학생은 42%였으며, 여학생의 경우는 댄스가 좋다는 의견이 48%, 나쁘다는 의견이 24%로 나타났다. 여학생들이 남학생에 비해서 댄스를 선호하고 있음을 알 수 있다.

이렇게 여학생의 댄스 선호도가 높게 나타난 것은 여학생들이 남학생들에 비해 새로운 것의 추구, 즉 서구문물의 수용에 적극적이었음이 반영된 결과다. 이러한 경향은 한편에서는 서구문물에 대한 무비판적인 수용으로 비판받을 수 있지만, 다른 한편으로는 여성을 극단적으로 억압하는 전근대적인 질서에 대한 해체의 요구로 받아들일 수도 있다. 그러나 설문조사의 결과에 대해 편집자는 "여성들이 쉬 유행에 물들 성질이 다분하다는 것을 나타내고 있다."며 댄스와 여성의 기질을 연관 지어 평가했다.

댄스와 여성의 타고난 기질을 연관 짓는 논리는 여성을 건전과 불건전, 정상과 비정상으로 이분화시키고, 불건전한 여성을

---

* 이광석이 『여성계』 1957년 6월호에 기고한 「사교땐쓰와 우리들의 생활-법관이 본 사교땐쓰」 중에서.

'전후파* 여성'이라는 말로 일반화했다. 전후파 여성은 모든 죄악과 비극의 근원으로 간주되었다. 에로틱한 분위기, 자극적인 색채의 원색적인 화장은 거리에서 만날 수 있는 전후파 여성의 특징으로 여겨졌다. 전후파 여성들은 "종래의 예의습관, 도덕 같은 것을 처음부터 돌아보지 않고 …… 성행위에서 과거의 윤리관이나 정조관념을 깨뜨리고 대담 적극의 행동을 취하는 타입이다. 전후에 역시 그 퇴폐해진 사회 속에서 등장한 신종의 여성"**이기도 했다. 이들이 부도덕하고 불건전한 여성으로 취급되었기 때문에 '이들의 연애는 타락이요, 방종이요, 위악'으로 간주되었다.

결국 '자유부인'과 '전후파 여성'에 대한 사회적 논의는, 생계를 위해 집 밖으로 나온 여성들의 노동력과 가정 밖에서의 경험에 대한 두려움이 사회적으로 표출된 것이었다. 물론 여전히 많은 여성들이 전통적 가치를 고수하고 있었지만, 여성들의 사회적 경험을 무無로 되돌릴 수는 없었다. 여성들은 이전과 다른 방식으로 살아감으로써 가부장적 가족체제를 위협했다. 여성들은 가정에서 여성의 권한을 확장시켜 자녀교육, 가정경제의 관

---

* **전후파**   사회는 한국전쟁 이후 새로운 성향의 여성을 가리켜 '아프레 걸apres-girl'이라고 표현했다. 퇴폐적인 경향의 여성을 지칭하던 이 용어는 고등교육을 받은 여성, 여학생, 직업 전선에 뛰어든 미망인, 미군을 상대하는 성매매 여성 등을 공격하는 도구로 사용되어, 퇴폐적이고 서구지향적인 사회참여 여성이라는 의미를 갖게 되었다.

** 백철이 『여원』 1957년 8월호에 기고한 「해방 후의 문학작품에 보이는 여인상」 중에서.

리 등을 새롭게 담당하게 되었다. 물론 전근대 사회에서도 자녀 양육과 교육에 대한 어머니의 역할은 중시되었지만 그때는 자녀의 교육자라기보다는 출산자로서의 역할이 우선시되었다. 조선 시대 어머니는 내외법에 근거하여 단지 집안에서 나이 어린 자녀를 교육했을 뿐이었다. 다음 글은 조선 시대 자녀교육에서 어머니의 역할을 잘 보여 준다.

"조선 시대 어머니 역할은 여성이 가부장적 가족을 재생산하기 위한 임무수행 중에서 일부분일 뿐이다. 조선 시대 여성에게는 어머니 노릇보다는 효녀, 효부로서의 역할이 더욱 중요했으며, 가계를 잇기 위해 아들을 낳고, 제사를 모시고, 친척들과 화목하게 지내는 것이 여성의 중요한 임무였다. 어머니 노릇은 출산자로서의 역할이고, 자녀교육 면에서는 임신 중의 태교나 10세 미만까지의 자녀에게 생활교육, 도덕교육을 하는 엄모嚴母의 역할을 했다."*

그러나 이제 어머니는 남성과 사회의 질시를 받으면서도 집안에서의 교육은 물론, 자모회나 사친회에 참여하여 학교교육에도 적극적으로 개입했고, 남편이 시장에서 사온 물건으로 식

* 윤택림이 미래인력연구원에서 발간한 『한국의 모성』에 쓴 글 중에서.

단을 꾸리는 것이 아니라 직접 시장에 나가 물건을 사고 가격을 흥정했다. 사회는 이러한 여성들의 활동을 두려움과 질시의 눈으로 바라보았다.

【 '기브 미 초코렛' –양공주 】

민족의 수치

'양공주' 라는 말은 현대사에서 외국 군인을 상대하는 성매매 여성들을 지칭하는 용어로 사용되었다. 이 용어는 한국인 남성을 상대하는 성매매 여성에게는 쓰지 않고 오직 외국 군인 주로 미군을 상대하는 성매매 여성들에게 한하여 사용되었다. 이들은 '양공주', '유엔마담', '위안부', 심지어 '망국녀', '양갈보', '기생충' 으로까지 비하되었으며, '피부병의 반점처럼 너저분하게 피어 있는' 여성들로 묘사되었다. '양공주' 로 대표되는 이 용어들은, 외국 군인을 상대로 한 성매매 여성이 성매매 여성들의 위계에서도 최하위에 놓여 있음을 보여 준다.

그녀들은 겉모습부터 달랐다. 양장과 파마머리와 짙게 화장한 외양은 헐벗은 '동포' 라기보다는 천박한 '양키' 의 이미지를 연상케 했다. 미군을 상대하는 성매매 여성들은 이러한 외모에 대한 이질감과 더불어 우리의 미풍양속인 정조를 지키지 못한 민족의 수치로 간주되었다. 또한 그녀들은 한국여성이기를 거부한 존재로 여겨졌다. 때문에 아이들마저 미군과 함께 다니는 여성에게 침을 뱉거나 돌을 던지곤 했다.

한국전쟁 이후 변화한 사회상의 하나인 미군 상대 성매매 여성(양공주)에 대한 풍자만화다. 『여원』 1959년 8월호에서 발췌한 것이다.

미군 상대의 성매매 여성은 '정절'로 표상되는 전통적 여성상의 파괴자로 간주되었다. 그녀들은 계승되어야 할 과거를 훼손한 자들이었다. 내국인을 상대하는 성매매 여성들에 대해서는 '허영녀'라 비난하면서도, 한편으로는 그들이 성매매에 나선 동기가 '생활고'임을 끊임없이 상기시켜 동정과 연민을 자아냈다. 하지만 미군 상대의 성매매 여성에 대해서는 그 동기가 '생활고'라 할지라도 용납하지 않았다. 따라서 이들은 이 땅에서 치워 버려야 하는 오물 정도로 간주되었다.

일부의 위안녀와 날로 심각해 가는 생활타파의 한 방편으로 몸을 판 여인들은 두 가지로 이를 분석한다면 전자는 사형에 처하고 싶은 증오를 느끼며 후자는 적어도 무기징역쯤은 시키고 싶은 심정 …… 거리거리에 아직껏 남아 있는 양갈보는 언제 치어지는 것일까.*

위의 인용문에는 다른 민족에게 몸을 파는 여자들에 대한 분
노가 실려 있다. 미군에 대한 선망에 열등감과 굴욕감이 중첩된
복잡한 감정이 미군을 상대하는 성매매 여성에게 그대로 전가
되어, 성매매 여성은 민족적 울분을 쏟아내는 대상이 되었다.

이 민족적 울분은 그들을 비하하는 것만으로 해소되지 않았
다. 그녀들의 배출물인 혼혈아, 즉 단일민족의 순수한 혈통을
더럽힌 혼혈아가 이 땅에 존재했기 때문이다. 혼혈아에 대한 배
타심은, '이민족에 대한 거부감'과 함께 미군에 대한 은밀한 반
감과 증오심이 작용한 결과였다. 여기에는 그들의 존재 자체를
민족의 수치로 생각하는 심정도 내재해 있었다.

일반적으로 혼혈아는 피부색이 다른 데다 정조를 팔아 버린
어머니의 소행으로 인해 더욱 더 천대받았다. 더구나 이들은 국
가로부터도 버림받았다. 이들에 대한 국가의 대책은 보호시설
에 수용하거나 모자가정을 구호하는 방식이 아닌 해외입양이었
다. 국가가 혼혈아에 대한 해외입양이라는 대책을 마련한 것은
더 나은 환경을 제공한다는 의미도 있었겠지만, '순수혈통을 더
럽힌 배출물'을 청소한다는 측면이 더 강했다. 심지어 혼혈아는

---

* 박수산이 『신천지』 1949년 8월호에 기고한 「거리의 정보실」 중에서.

아무 잘못이 없다면서도 "오늘의 혼혈아 문제는 백인 혹은 흑인과의 혼혈아라는 점에서 특수성이 크다고 하겠다. 더구나 흑인의 피는 천지개벽의 변화가 있더라도 한국사람의 피 속에 소화될 리 없을 것이다."*라며 인종을 차별했다.

기지촌 성매매의 양성화

미군 상대의 성매매 여성들이 사회로부터 소외되고 경시되던 이면에서, 국가와 사회는 이들의 존재를 암묵적으로 공인하고 오히려 양성화하기도 하면서 국가안보의 필요성을 충족시켰다. '양공주'의 양성화는 무엇보다도 기지촌의 조성으로 나타났다. 일본의 경우 1945년 미군이 진주하자 국가가 직접 나서서 '점령군'에게 성性적 위안을 제공하는 시설의 설치를 지시하여 '특수위안시설협회特殊慰安施設協會'를 조직하는 등, 미군 점령 초기부터 기지촌을 형성했다.

이에 반해 한국에서 본격적으로 기지촌이 형성된 것은, 한국전쟁 이후 정전협정이 맺어지고 미군부대 주변에 성매매 여성들이 모이면서부터다. 물론 전쟁 이전에도 미군의 세탁물을 빨아 주거나 심부름을 해 주거나 돈, 음식, 담배 같은 것을 얻기 위

---

* 장경학이 『여성계』 1955년 12월호에 기고한 「혼혈아의 의적義的 견해」 중에서.

해 성을 제공하면서 미군부대를 따라다니는 여성들이 존재했다. 또한 미군정기에 대규모의 미군이 주둔했던 부평지역에서는 약 1천여 명의 여성들이 자발적으로 성매매에 종사하기도 했다. 그러나 전쟁과 이로 인한 대규모 미군의 주둔은 본격적인 기지촌 형성을 가져왔고, 미군의 성적 유흥과 욕망 해소를 위한 장소를 제공했다.

기지촌은 한국 정부뿐만 아니라 미군에 의해서도 공공연하게 묵인되는 준準공식적인 성매매 지역이었다. 정부의 이런 태도는 국가안보를 위해서 반드시 필요했던 주한미군을 위해 국가가 나서서 공공연하게 성性의 판매를 조장한 것이나 다름없었다. 대개의 기지촌 지역은 'off limit(출입금지)'라는 간판을 내걸어 내국인들의 출입을 금지했다.

또한 기지촌에는 포주들이 조직한 '위안부 자치대' 등이 존재했는데, 이들은 기지촌의 여러 가지 문제를 미군 지휘부와 직접 교섭했다. 이는 정부가 미군 상대의 성매매 행위를 준합법적인 것으로 인정했다는 증거다. 게다가 경찰이나 지방행정기관도 기지촌의 행정에 쉽게 관여할 수 없었고 오히려 미군 헌병대에 의해 통치되었다는 것을 보여 주는 것이기도 하다. 즉, 한국 정부와 미군의 유착으로 '국가안보'라는 명분 아래 기지촌의 성매매는 암묵적으로 지원, 운영되었다.

결국 미군을 상대로 하는 성매매 여성들의 정조관을 문제 삼고 그들에게 온갖 비난을 퍼붓는 국가와 사회의 행동은, 미군의 주둔이 세계 냉전체제로 인해 필요불가결한 것이며 '양공주' 들 또한 그런 전략의 일환에서 생겨난 것임을 은폐하는 역할을 했다. 즉, 주한미군이 필요로 하는 성性적 유흥을 한국 정부는 제공할 수밖에 없으며, 여성을 제공함으로써만 미군의 주둔을 유지하여 국가의 안전을 보장받을 수 있다고 생각했던 것이다.

이러한 현실은 한국 정부와 관리들뿐만 아니라 미국 관리들도 잘 파악하고 있었다. 1950~60년대 주한미대사관의 문정관을 지낸 그레고리 헨더슨은 그의 논문 「주한미군 작전지휘권의 정치적 위험요소」에서 "한국은 장군에서 졸병에 이르기까지 미군이 향락을 만끽할 수 있는 나라다. 그런 향락 중에는 몇 천 명, 몇 만 명이라는 단위로 공급되는 여성의 육체도 포함되어 있다."라고 기록하고 있다.

민족의 딸, 윤금이

민족의 수치이자 국가안보를 위한 유흥 제공자로 간주되어 온 미군 상대의 성매매 여성들은 항상 위험에 노출되어 있었다. 이들은 미군기지 근처에 접근했다는 이유로 밤새 기지 안에서 각종 체형體刑*을 당하거나 수치심과 굴욕감을 불러일으키는 삭

---

* **체형** 징역, 태형, 사형 따위와 같이 직접 사람의 몸에 형벌을 가하는 것을 말한다.

발을 당하기도 했다. 미군부대에서 벌어진 성매매 여성 삭발사건에 대해 미군은 "논평할 것이 없다."라고 답변하면서 "부대를 따라다니는 자들을 삭발로 벌하는 것은 오래 전부터 전통"이라고 언급했다.*

> 당년 30세의 접대부 김애순은 …… '나는 진심으로 용서를 받고 다시는 부대에 들어오지 않겠다고 맹세했지만 소용없었어요. 나는 반항했지만 두 미군이 나의 팔을 붙잡아 꼼짝못하게 하고 다른 군인이 가위와 이발기로 머리를 깎은 다음 전기 면도기로 밀었어요.' …… 또 한 명의 접대부 김정자도 머리를 깎이울 때 울었다고 말하고 그녀는 장사를 했으나 실패하자 생활고로 접대부가 되었으며 남편은 2차대전 때 전사했다고 말했다.**

또한 미군부대 근처나 기지촌에서는 총기난사, 살해, 강간 등이 빈번하게 일어났다. 빨래터에서 미군에게 강간당한 후 총살당한 여성(1957년 경기도 파주), 미군이 데리고 다니는 군견에 온 몸을 물어뜯기고 폭행까지 당한 여성(1962년 경기도 평택), 미군부대 근처에서 깡통을 줍다가 미군에 의해 사살된 임신 9개월의

---

* 1960년 1월 8일자 『동아일보』에서.
** 1960년 1월 7일자 『동아일보』에서.

여성(1964년 경기도 동두천), 어머니와 딸이 한 자리에서 강간당한 사건(1969년 충청남도 서천), 팀스피리트Team Spirit* 훈련에 참가한 미군들에게 윤간당한 후 의문의 죽음을 당한 임산부(1986년 충청북도 제천) 등, 미군범죄는 한반도에 주둔한 이래 계속해서 일어났지만 언제나 철저히 은폐되어 왔다. 이런 상황에서 미군범죄에 대한 전국적인 관심을 불러일으킨 사건이 일어났다. 바로 1992년 10월 28일에 일어난 미2사단 제20보병연대 5대대 소속의 케네스 이병의 '윤금이 살해사건'이다.

알몸으로 발견된 윤금이의 시신 위에는 세제가 뿌려져 있었고, 온몸에 피멍이 들어 있었다. 그리고 그녀의 자궁 속에는 맥주병 2개가, 질 밖으로는 콜라병 1개가 박혀 있었고, 항문에는 직장 안으로 우산대가 27cm나 들어가 있었다. 윤금이 살해사건은 그때까지 숨겨져 왔던 미군범죄를 사회 전면에 드러내는 계기가 되었을 뿐만 아니라, 기지촌 여성에 대한 사회적 관심을 불러일으키는 계기가 되었다. 이 사건으로 나타난 기지촌 여성에 대한 관심은 민족의 수치였던 기지촌 여성들을 민족의 딸, 민족의 누이로 부르게 했다.

---

* **팀스피리트** 한반도에서 발발하게 될지도 모르는 군사적인 돌발 사태에 대처하기 위하여 연례적으로 실시되던 한 · 미 양국군의 연합군사훈련으로 1993년 사실상 중단되었다. 이 훈련은 미국의 새로운 전략전술의 습득과 신무기 운용기술체득 등의 긍정적 효과와 더불어 대북 관계 개선의 장벽으로 작용했다.

애국○○시민여러분! 우리 딸이 처참하게 살해되었습니다.

범인은 미군병사입니다(○○지역총학생회연합, 여학생대표자협의회 유

인물 제목).

50년 전 우리 누이들이 왜놈들에게 당한 수모를 잊을 수 없듯

이 윤금이 누이를 이대로 눈감게 할 수는 없다(○○대 유인물).*

이 사건은 민족 자존심에 호소함으로써 '윤금이'라는 이름 석 자를 세상에 알리고 시민들의 반미의식을 고취시켰지만, 기지촌 여성들의 인권을 개선시키는 데는 별다른 도움을 주지 못했다. 더구나 이러한 태도는 여성을 독립적 자결권을 가진 주체로 인정하기보다는 그녀들을 다시 민족의 이름으로 보호해야 할 대상으로 규정하고 있다는 점에서 문제를 안고 있었다.

2001년 한미행정협정SOFA(The ROK-US Agreement on Status of Force in Korea) 개정 당시 불평등한 한미관계의 개정을 요구하는 시위가 전국에서 일어났다. 이 당시 서울역 근처 담벼락에 쓰였던 "SOFA 개정으로 우리 처녀 지키자."라는 구호는, 여전히 여성을 성적 자기결정권이 없는 보호의 대상이자 타자로 간주하는 현실을 적나라하게 보여 준다. 더구나 최근에 들어서는 기지촌

---

* 정희진이 『한국여성인권운동사』에 쓴 「죽어야 사는 여성들의 인권-한국기지촌여성 운동사 1986~98」 중에서.

"SOFA 개정으로 우리 처녀 지키자."
SOFA 개정 시위 도중 서울역 담벼락에 시위대가 쓴 구호로,
여성을 보호받아야 할 대상으로 파악한 현실을 반영하고 있다.

성매매 여성이 필리핀을 비롯한 동남아와 러시아 여성들로 대체되면서 새로운 사회문제로 등장했다. 이러한 성매매의 다국적화는 기지촌 성매매 여성에 대한 무관심과 호기심을 조장하고 있다.

아래의 인용문에 나타나듯이 미군 상대 성매매 여성들 또한 이러한 사회의 시선에 대해서 반감을 가지고 있었고, 그 반감은 오랫동안 그녀들의 기억을 지배했다.

> 내가 이렇게 된 건 전쟁 때문입니다. 전쟁이 나서 부모님이 돌아가시고 나는 먹기 위해 고아원을 뛰쳐나왔죠. 부평의 미군 부대에서 세탁일을 하다가 이곳 파주까지 왔어요. 나한테 밥을 준 건 이 나라가 아니고 미군이에요. 사람들이 뭐라해도 나는 부끄럽지 않아요. 이 나라와 이 나라 사람들이 내게 해 준 게 뭡니까? …… 우리가 달러를 번 최초의 사람들이에요. 그 당시 우리 아니면 어디서 달러를 벌 수 있었겠어요? …… 나는 정신대 문제가 텔레비전에 나올 때마다 가슴 속에서 피를 토해요. 일제 시대에 강제로, 혹은 돈 번다고 정신대로 끌려간 사람들만 불쌍하고 미군에게 돈을 벌게끔 강제당한 우리는 손가락질을 당해요. 하지만 나는 나도 정신대라고 생각해요.*

---

* 김혜선이 『파주군지(하), 현대사회』에 쓴 「주한미군과 파주사회」의 일부분으로 파주군 문산읍 선유리에 사는 J여인과의 면접 내용이다.

【 영자의 전성시대 】

『영자의 전성시대』는 가난한 농촌에서 태어난 영자가 오로지 배불리 먹어 보기 위해 서울로 와 식모살이에서 버스안내양으로, 결국에는 '창녀'로 전락하기까지의 과정을 그린 조선작의 소설로, 1975년 김호선 감독이 영화로 제작했다. 〈영자의 전성시대〉는 〈별들의 고향〉* 이후 이른바 '호스테스 멜로드라마'의 성행을 보여 준 작품이기도 했다.

소설과 영화 모두 대중적 관심을 불러일으켰던 『영자의 전성시대』는 무작정 농촌을 떠난 젊은 여성들이 도시의 성매매시장으로 어떻게 편입되어 갔는지를 보여 준

1975년 김호선 감독이 만들어 흥행에 성공한 〈영자의 전성시대〉 포스터다. 이 영화는 사회로부터 희생과 인내를 강요당한 여성의 이야기를 다루고 있다.

---

* **별들의 고향**   1974년작 이장호 감독의 영화로 최인호 원작의 동명소설을 영화화한 작품이다. 당시 관객 46만 명을 동원한 이 영화는 사회의 비정함과 인간의 배신에 허덕이다 타락하고 결국 자살하는 한 여인의 이야기를 그린 내용이다.

다. 농촌인구의 도시 편입은 1950년대부터 서서히 진행되다가 1960~70년대에 급속도로 이루어졌다. 1960년에 28%에 불과했던 도시인구의 비율은 1970년 41%, 1980년 57%, 1985년 65%로 늘어났다. 특히 20~30세를 전후한 젊은이들이 대거 농촌에서 도시로 이주했고, 도시로 이주한 여성은 대부분 10~24세의 나이였다.

1962년 경제개발 5개년계획이 실시된 이래 한국경제는 급속도로 성장했다. 그러나 1960년대 경제나 도시상황은 농촌 노동력의 유입을 필요로 하는 상태가 아니었다. 그런데도 가난한 농민과 그 자녀들은 과잉 노동력 상태의 농촌을 떠나 도시로 이주했다. 도시의 흡인력 때문이 아니라 농촌으로부터의 무제한 방출에 의해 만들어진 잉여 노동력은, 국가와 자본가들에게 '저임금 장시간 노동'의 형태로 언제라도 선택하여 사용할 수 있는 예비 노동력을 제공해 주었다. 이러한 현실에서 도시로 이주한 사람들은 쉽게 일자리를 구할 수 없었다.

그러니 배운 것도 없이 무작정 서울로 올라온 영자가 일자리를 구한다는 것은 쉽지 않은 일이었다. 결국 영자는 여성이 가장 쉽게 구할 수 있는 직업인 식모가 되었다. 하지만 영자에게 식모살이는 "식모를 뭐 제집 요강단지로 아는지 이 놈도 올라타고 저 놈도 올라탄다."*라는 지적대로 지긋지긋한 현실이었다. 영자는 식모살이를 그만두고 버스안내양이 되지만 만원버스에서 떨어져 때마침 달려가던 삼륜차 앞바퀴에 치여 외팔이 불구가 되었다. 그리고 결국에는 몸을 팔아 살아가는 '창녀'가 되었다.

절단된 영자의 몸은 1970년대 경제 성장을 부각시키기 위해 감추어야 할 그늘이었다. '영자'는 식모살이를 하다 성폭행을 당한 피해자이고, 또 만원버스에서 떨어져 한 팔을 잃은 산업재해자였다. 그러나 영자는 국가권력과 자본의 폭력성으로 인해 그저 자신의 신세를 한탄하며 몸을 파는 것도 감사해야 할 처지에 놓이게 된다. 그리고 피해자임에도 피해자라 말하지 못하고, 오직 희생과 인내가 요구되는 가운데 모든 불행을 운명의 탓으로 돌렸다. 즉, 1960~70년대 사회는 경제 성장의 주역이었던 노동자들에게 사회는 인내와 희생, 그리고 운명론만을 강요했다. 노동자의 권리를 주장하기보다는 인내로써 국가경제를 발전시켜야 한다는 논리는 박정희에 의해 노동자의 '미덕'으로 강조되곤 했다.

> 노동자들이 그 자기들의 권익을 주장하고 부당한 그런 처우
> 에 대해서 이러한 자기들의 권리를 주장하는 것은 우리나라
> 에서 법적으로 보장이 돼 있지마는 이것을 너무나 남용을 해
> 서 늘 노동쟁의를 벌여가지고서는 그 나라경제는 크게 되지
> 않는다.**

* 조선작의 『영자의 전성시대』 중에서.
** 박정희가 쓴 「경제건설에 총력을」 중에서.

그런데 인내와 희생의 미덕은 이 영화의 각색을 맡았던 김승옥의 "영자는 우리들의 애인이며 동생이며 누나이기도 하다. 영자는 그러면서도 우리들이 버린 연인이기도 하다."라는 언급에서도 나타난다. 즉, 1970년대 산업화가 기꺼이 감추고 싶어 한 비참한 이면을 자신의 몸에 간직한 노동자이자 성매매 여성인 영자를, 지식인 남성은 애인이자 동생, 누나, 버린 연인이라고 부름으로써 그녀의 경험을 가족과 낭만적 사랑의 범주로 환원시키고 있다.

도시에 올라온 미혼의 젊은 여성들은 가족의 울타리를 벗어나 생활했는데, 가족의 울타리 너머에 있다는 사실은 바로 그녀들을 규제할 수 있는 권력의 부재를 의미했다. 그녀들을 규제할 수 없다는 사회의 두려움은 그녀들을 잠재적인 성매매 여성으로 간주하게 했다.

당시 서울로 상경한 젊은 여성들은 임금과 노동환경이 비교적 괜찮다고 알려진 반도상사, 동일방직, YH무역, 원풍모방 등 규모가 큰 섬유업체에 취업하기를 희망했다. 그러나 이런 공장에 취직하기 위해서는 보통 2~4년 동안 식모로 일하거나 소규모 영세업체에서 일하며 기회를 기다려야 했다. 그러다 보니 원하던 공장에 취업하기를 기다리다 열악한 노동환경을 견디지 못한 많은 여성들이 당시 급속도로 퍼지고 있던 서비스업, 성性 산업에 유입될 가능성은 매우 높았다. 이러한 상황은 국가와 여성계 지도자들에게 여직공을 공적인 보호와 규제의 대상으로 간주하도록 만들었다. 여성계 지도자들과 중산층 주부들은, 이들이 저임금과 장시간 노동착취로 인해 박탈감과 좌절감을 갖게 되어 마침내는 부도덕한 '윤락행위'에 쉽사리 빠질 위기에 처해 있다고 판단했다. 이는 정부와 여성단체가 발행한 보호여성에 대한 모든 실태조사서가 미망인, 성매매 여성과 함께 여성노동자들을 그 대상으로 하고 있다는 데서 확인된다.

사회의 그늘로 내몰린 '산업역군'

이처럼 여성노동자와 성매매 여성은 국가에 의해 보호, 규제되어야 하는 존재로 파악되었다. 따라서 이들은 '건전한 가정'의 사회적 타자이며, 동시에 근대화 시기 '국민적 정체성'을 내면화하지 못한 부적응자였다. 또한 이들은 선진 조국에 대한 희망을 결여했을 뿐만 아니라 국민적 주체의 덕목인 근검절약의 윤리적 가치로부터 이탈한 근대화의 타자였다. 1965년의 「저소득 직장인 및 노동자 실태에 관한 심포지움」은 여직공의 실태를 다음과 같이 파악한다.

> 여직공의 교육수준이나 교육에 대한 욕망을 볼 때 교육 정도
> 가 낮을수록 교육에 대한 의욕이 없고 자포자기하고 내적 공
> 허를 메꾸기 위해 외적인 장식과 도피적인 행위가 많아진다.
> …… 특히 영화를 즐기고 경제적인 여유가 없으면서도 돈을

쓰게 된다. 공장 내에서 정당한 대우를 못 받는 여직공들은 교회에 나가서도 전혀 발언의 기회 같은 것은 없고 교회에 나가는 직공들 서로가 교인이라는 것을 알지 못한 채 침체한 공장 생활을 계속하고 있다.

그리하여 여공은 부녀자 복지의 대상이자, 주로 '윤락행위 예방' 차원에서 여성계 지도자와 당국의 관심 대상이 되었다. 모든 여성을 미래의 현모양처로 보는 여성관이 팽배해 있는 사회에서 여성노동자들은 '공순이'라는 비하 속에 사회의 그늘로 내몰렸다. 그러나 그들은 '조국 근대화의 역군', '산업역군'이라는 거대한 언설을 자신의 것으로 내면화하면서 그 모순을 고스란히 몸으로 끌어안을 수밖에 없었다.

울타리 밖으로 나서다

전근대 사회에서는 여성이든 남성이든, 가족이나 마을공동체를 벗어나 노동하는 경우가 매우 드물었다. 사람들은 가족이나 이웃과 함께 생필품을 만들어 물물교환하는 자급자족에 가까운 생활을 영위했다. 이러한 생활방식이 근대로 들어오면서 변화하기 시작했다. 식량을 제외한 대부분의 중요한 생필품들은 대규모 공장에서 생산되었다. 이에 따라 농촌에서 도시로 이주하는 여성노동자가 나타났고, 행상이나 노점을 하는 여성상인들도 등장했다.

그녀들이 도시로, 거리로 나선 이유는 오직 먹고 살기 위해서였다. 집과 마을의 울타리를 벗어났다고 해서 곧바로 여성의 지위가 향상된 것은 아니었다. 울타리 밖에는 열악한 노동조건과 낮은 임금, 그리고 성적 착취가 도사리고 있었다. 그러나 울타리를 넘어선 여성들의 노동은 예전과 다른 세계와의 접촉으로 이어졌고, 여성들의 경험을 급속히 확장시키는 촉매가 되었다.

【 행상과 식모 】

길 위의 여자들

일제 시대까지만 해도 상설시장의 상인은 물론 행상도 대부분이 남성이었다. 이들 물장수, 나무장수, 젓갈장수, 소금장수, 생선장수 들은 지게에 물건을 싣거나 등짐을 지고, 서울을 비롯해 시골 구석구석까지 전국을 돌아다녔다. 이들을 일컬어 흔히 '등짐장수' 또는 '보부상'이라고 불렀다. 이들은 해방 무렵까지 수장과 반장의 통솔 아래 십여 명씩 무리를 지어 물건을 팔러 다녔다. 일본의 만주침략 이후 남성들의 징병과 징용으로 일부 여성들이 남성을 대신해 행상이나 소규모 자영업을 시작하긴 했지만 그 수는 미미했다. 여성들이 본격적으로 상설시장의 상인, 좌판, 노점 혹은 행상으로 나선 것은 한국전쟁 이후였다.

전쟁으로 인한 극심한 생활고는 많은 여성들에게 노리개나 살림도구, 옷가지 등을 내다 팔아 생계를 유지하지 않으면 안 되도록 내몰았다. 혹은 약간의 재산이 있거나 친척·친지의 도움을 받을 수 있으면 다방, 양품점, 화장품가게, 담배장사, 딸라장사, 행상, 음식점 등을 차렸다. 전쟁 이후 여성들이 대거 장삿길에 나선 상황을 한 소설가는 다음과 같이 묘사했다.

> 동대문시장이나 남대문시장이나 자유시장이나 천변시장으로 풍경을 구경하기 위하여 발길을 옮겨 본다. 콩나물장사·미역장사·더덕장사부터 시작해서 양담배장사·양주장사·양과자장사·딸라장사·양말장사·샤쓰장사·양단장사·나이론장사, 좌우 옆 포목전의 주인이 모두 다 묘령의 처녀가 아니면 허우대 좋은 점잖은 중년부인들이다. …… 이제는 신상紳商*이 아니라 귀부인상이라고나 할까, 사내들은 꼬리를 감추고 완전히 여자들의 판국이 되었다.**

야채나 생선 광주리를 머리에 인 행상에서부터 상설시장의 곳곳에까지 '여자들의 판국'이라 불릴 만치 많은 여성들이 장사에 나선 것이다. 이처럼 경제적 어려움에 처한 여성들이 조그마한 노점이나 행상을 한 것은, 이러한 업종이 특별한 기술이 필요하지 않고 적은 자본으로도 장사를 시작할 수 있었기 때문이다.

---

* **신상** 상인 가운데 상류층에 속하는 점잖은 상인.
** 박종화가 『여원』 1959년 8월호에 기고한 「해방 후의 한국여성」 중에서.

힘겨워 보일 만큼 커다란 일용잡화를 머리에
이고 나선 여성 행상인의 모습이다.

또한 해방 후 미국산 생필품이 들어오면서 소비생활의 경향이 바뀐 것도 여성들이 장사에 나서는 데 일조했는데, 사람들은 종래에 가정에서 자급하거나 쓰지 않던 물건들을 시장에서 구매하곤 했다.

장사에 나선 여성들은 부유층 주부를 제외한 거의 모든 계층의 여성들이 망라되어 있었다. 특히 전쟁미망인과 상이군경의 부인이 가장 적극적이었다. 이는 이들의 의지할 곳 없는 처지를 반영함과 동시에, 전쟁피해자에 대한 국가의 원호정책이 충분하지 못했음과 이 때문에 이들이 처하게 된 냉혹한 현실을 보여 준다. 다음의 사례는 전쟁미망인이 생계 유지를 위해 장삿길에 나선 후 겪는 어려움을 잘 보여 준다.

시장의 조그마한 자리를 얻기 위해서 매일 아침 일찍 나와서 마당을 쓸어 주고 쓰레기를 쳐 주는 가운데서 그 주위사람들의 동정을 얻어 손바닥만한 자리를 간신히 얻어 잡화를 팔며 근근히 살아갔으며 십 리나 넘는 시장을 걸어서 나가고, 고픈 배를 안고 집에 돌아와서는 허기와 피로에 쓰러지는 일이 한두 번이 아니었다.*

이외에도 남편을 군에 보낸 소위 생과부들과 영세농가의 주부들 역시 행상과 노점에 나섰는데, 농한기를 이용하여 도시에서 행상을 했던 한 여성은 새우젓동이를 이고 매일 사오십 리를 걸었다고 술회했다.

장사에 나선 여성들의 앞길은 험난했다. 참기 힘든 육체적인 고통과 더불어 사회적 멸시가 그녀들을 괴롭혔다. 그러나 이들의 경험이 소중한 것은, 이들이 비로소 한 가정의 가장이 되어 자식들의 생계를 책임지고 교육을 담당했으며, 당당하게 사회생활을 영위했다는 사실 때문이다. 여성의 시장 출입조차 금기시했던 한국전쟁 이전과 비교할 때-비록 이들의 노동이 '생계를 위한 노동'일지라도-여성의 지위향상을 위한 의미 있는 경험이었음에 틀림없다.

'봉순 언니'의 세계

과거에는 생활고에 직면한 어머니들이 가내 육체노동인 삯바느질, 삯빨래 등에 종사하는 일이 많았다. 이 직업은 통계에는 전혀 드러나지 않기 때문에 실태를 분명히 밝힐 수는 없지만, 삯바느질로 자식들을 공부시킨 어머니의 성공사례는 우리 사회

---

* 이주현이 『여원』 1959년 6월호에 기고한 「미망인의 수기-꿈 속에라도 돌아오소서」 중에서.

에서 흔한 이야기다. 어느 소설가는 자전적 소설에서 자식을 먹여 살리고 교육시키기 위한 어머니의 노력에 대해 "어렵사리 모은 돈으로 손재봉틀 한 대를 마련하여 바느질로 새벽부터 자정까지 쉬지 않고 노동했다."라고 표현했다.* 특히 삯바느질은 행상이나 노점과 다르게 주로 집에서 일한다는 점에서 여성들의 천직으로 권장되었다.

그러나 삯바느질, 삯빨래 등 가정에서 하는 이른바 '내직內職'은, 자녀를 돌보면서도 남성의 수입에 버금가는 소득으로 가정경제를 안정시켰는데도 정규노동이 아닌 '소일거리' 혹은 '보조적인 소득'으로 간주되는 경우가 많았다. 이는 가사노동을 가치 없는 노동으로 취급하는 남성 중심적 사고와 관련이 있다.

한편 "경제적으로 여유가 있는 가정에서는 물론 단칸짜리 셋방살이, 판잣집 살림에서도 환경과 가정형편은 염두에도 없다는 듯이 서로 다투어 너도나도 식모를 두고 있었다."는 지적**에서 알 수 있듯이 '식모살이'는 1950~60년대에 가장 쉽게 구할 수 있는 직업이자 힘든 여성노동의 하나였다.

'식모살이'가 여성의 새로운 직업으로 등장한 것은 노비해방이 이루어지고 봉건적 신분질서가 해체된 1920년대를 전후한 시기다. 이는 당시 가난한 부인들이 돈을 벌기 위해 부잣집에 입

---

* 김원일의 『마당깊은 집』 중에서.
** 장창옥이 『여원』 1957년 11월호에 기고한 「식모에 대한 대우를 개선하자」 중에서.

주하여 부엌일, 세탁, 어린애 보기 등을 하던 데서 비롯되었다. 특히 한국전쟁 이후 대규모로 발생한 전쟁고아·전쟁미망인, 실업의 증가, 생활고의 심화에 따라 '식모살이'는 더욱 일반화되었다. 식모살이를 하는 여성들은 대체로 20세 미만의 소녀들과 30세 전후의 기혼여성(주로 미망인, 이혼녀 등)으로, 이 중 20세 미만은 농촌 출신이거나 전쟁고아가 대부분이었다.

"여러 아줌마들이 모여서 얘기하시는 걸 들으면 대개 나같은 애들을 이름 대신 '우리 계집애', '그 계집애', '그 년' 이렇게 말씀하시는데 가슴이 얼마나 찢어지는지, 얼마나 아픈지 모른다."*라는 한 여성의 술회처럼 식모살이는 천대받는 직업이었다. 물론 일부에서는 가족처럼 따뜻한 관계를 유지하기도 했지만, 일반적으로 식모는 노동시간이 정해져 있지 않은 채 하루 종일 중노동에 시달려야 했다. 또한 어린 소녀의 경우 정식 고용관계라기보다, 하나라도 입을 덜려는 부모에 의해 먼 친척이나 이웃의 소개로 들어가는 경우가 많아 노동조건이 더욱 열악했다.

그러나 저임금과 장시간 노동보다 더욱 이들을 괴롭힌 것은 강간, 희롱 등의 성폭행과 도둑누명, 폭행 등이었다. 도둑누명을 씌워 짐을 수색하거나 보수를 주지 않는 것만이 아니라 심지어 감금하고 온갖 폭행을 가하기도 했다. 시계를 훔쳤다고 12세

---

* 『HLKA 연속방송 전국여성수기 제1집─절벽 위에 선 소나무들』에 실린 이혜연의 「식모살이는 고달파」 중에서.

소녀를 방안에 감금하고 장작으로 무수히 구타한 다음 부젓가락*으로 성기를 찌르거나, 말을 듣지 않는다고 장작으로 머리를 무수히 구타하거나, 아내의 시계가 없어졌다는 구실로 폭행하는 등** 식모들에 대한 개인적 체형은 당시에는 흔한 일이었다. 특히 식모들은 개별적으로 고립되어 있었기 때문에, 다른 여성 노동자들보다 개인적인 체형을 당하는 경우가 많았다.

식모에 대한 성폭행 또한 공공연한 비밀이었다. 어린 소녀들이 당한 성폭행은 당사자에게 큰 충격이어서 이를 비관해 자살하거나 때론 주인집의 어린아이를 유괴, 살해하기도 했다. 또 주인과의 간통으로 구속되는 경우도 발생했는데, 대부분의 경우는 주인의 일방적인 강간이었다. 이러한 현실을 반영하듯 여성상담소나 신문, 잡지의 상담란에는 성폭행으로 임신했거나 몇 년에 걸쳐 상습적으로 성폭행 당한 식모들의 상담이 이어졌다.

저는 22세의 미혼여성입니다. 어려서 양친을 여의고 식모살이를 9년이나 해 왔습니다. 제가 19세 되던 해부터 주인 아저씨는 수차에 걸쳐 육체관계를 요구해 왔습니다. 그때마다 번번히 거절하고 이 집에서 나오려고 했으나 아주머니의 만류로 참아 왔는데 1년 전부터 마침내 아저씨한테 매일처럼 정

---

* **부젓가락** 화로의 불덩이를 집거나 불을 헤치는 데 쓰는 쇠로 만든 젓가락.
** 1955년 11월 12일자, 1956년 10월 16일자, 1957년 10월 27일자 『경향신문』에서.

교를 당했습니다. 그 뒤 저에게는 목숨을 다해 사랑하는 남성이 생겼지만 이렇게 더럽힌 몸으로는 그이와 도저히 사랑할 수가 없을 것 같습니다. 차라리 이 집을 나와버릴까 하지만 9년이나 있다 그럴 수도 없고 머물러 있자니 매일매일 주인아저씨한데 당하는 괴로움을 참을 수 없어 어떻게 해야 좋을지 모르겠습니다.*

결국 고된 노동과 폭행, 상습적 성폭행으로 상처 받은 소녀들이 찾아간 곳은 성매매 시장이었다. 1960~70년대에 성매매 여성 중 상당수는 전직이 식모였다. 1964년 보건사회부 조사에 따르면 성매매 여성 19,986명 가운데 11%인 2,293명이 식모 출신이었으며, 1965년 동두천지역에서 성매매 여성 198명을 대상으로 한 표본조사에서 전직이 식모인 성매매 여성은 26%인 52명으로 가장 많은 비율을 차지했다.

파출부 아줌마

파출부의 등장은 도시 주거환경의 변화와 함께, 노동시장에서의 노동력 이동과 깊은 관계가 있다. 한국전쟁과 함께 급격하게 증가했던 식모의 숫자는 1960년대 말부터 점차 줄어들고, 대

* 김은우의 『한국여성의 애정갈등의 원인 연구』 중에서.

신 '파출부'로 불리는 시간제 가정부가 증가했다. 파출부는 동네 부자나 지주의 잔치며 명절맞이를 준비해 주고 먹거리를 얻어 오던 풍습을 연상시키지만, 근대적 고용관계라는 점에서 차이가 있다.

가정을 돌보면서 동시에 직업이 필요했던 미망인이나 주부들은 주소득원이었던 삯바느질로는 더 이상 생계를 유지하기가 힘들어졌다. 공장에서 대량으로 생산하는 기성복이 시장에서 판매되었고, 공장노동자는 기혼여성이 아닌 미혼여성으로 대체되었다. 이에 따라 정부와 여성단체들은 미망인이나 주부의 취업정책의 하나로 시간제 가정부인 파출부를 양성하려 했다. 파출부 형태의 노동이 처음 등장한 것은 1962년으로, 미망인들에게 적합한 직업을 창출하려는 시도에서 비롯되었다. 파출부 고용은 대개 공·사설 직업소개소, 친·인척, YWCA, 주부클럽연합회 등을 통해 이루어졌다. 1978년의 '파출부 실태조사'에 의하면 조사대상자 135명 가운데 53%인 72명이 여성단체 등 알선기관을 통해 취업한 것으로 나타났다.

한편 섬유산업 등이 발전하면서 미혼 여성노동에 대한 사회적 수요가 급증한 것도 파출부의 확산을 촉진했다. 즉, 식모살이의 수요는 여전한 데 비해 공급은 급격히 줄어드는 현상이 나타났고, 이에 따라 농촌 출신 미혼여성을 대신하여 기혼여성의 노동시장 유입이 이루어졌다. 또한 '수출주도형 산업화정책'의 필연적인 결과인 저임금구조가, 도시빈민과 노동자계급의 주부들로 하여금 집밖에 나가 돈을 벌지 않고는 생활할 수 없도록 강제한 점도 파출부 확산의 한 원인이었다. 특히 많은 기혼여성들이 자녀교육을 위해 파출부로 나섰다.*

도시지역의 주거환경과 가족구조의 변화도 식모보다 파출부에 대한 수요를 증가시킨 한 요인이었다. 서울시는 1967년 이후 단독주택 대신 아파트 건립에 치중하여 1971년에서 1975년까지 약 5만 가구에 이르는 아파트를 지었다. 아파트는 주거환경을 서구식으로 변화시켰을 뿐 아니라, 시간제 가정부인 파출부의 고용을 촉진시켰다. 또한 핵가족화된 가족구조 때문에 동거생활을 하는 식모보다는 출퇴근하는 파출부가 주부들에게 좀 더 편한 형태로 받아들여졌으며, 주인 남자와 식모 사이의 잦은 성적 일탈도 주부들로 하여금 이러한 선택을 하게 만들었다.

이렇게 사회의 필요, 산업구조와 가족구조의 변화가 식모보다는 파출부에 대한 수요와 공급을 증대시켰다. 그러나 가사보조적 노동에 종사하는 여성들에 대한 대우는 전혀 변하지 않았다. 짧은 시간에 많은 집안일을 하는 '파출부 노동'의 특징 때문에, 폭행이나 강간은 많이 줄었지만 대신 임금에 비해 노동의 강도가 높거나 인간적인 모멸감을 주는 경우가 많았다.

1978년 조사에 따르면 대상자들이 느끼는 중요한 불만족 사

---

* 1987년 실태조사에 의하면 조사대상자의 41%가 자녀교육의 필요성 때문에 파출부로 나섰다고 대답했다.

항은 '대우', 즉 인간적 모멸감이나 도둑누명에 있다는 응답이 62%나 되었다. 1982년의 조사에서도 "일하면서 가장 불쾌한 점은 무엇입니까?"라는 질문에 25%가 도둑누명이라고 답할 정도였다. 노동의 강도에서도 1982년 조사에서 대상자의 89%가 힘에 벅차거나 피곤하다고 대답했으며, 1987년 조사에서도 동일한 대답이 91%에 달했다.

【 여공에서 공순이로, 그리고 여성노동자로 】

유년여공

우리나라에 처음 출현한 여성 공장노동자는 1900년 12월 전환국典圜局에서 모집한 지폐제조 노동자였다. 이듬해 한성제직회사는 남성과 함께 여성을 노동자로 모집한다는 광고를 냈다. 이후 1920년대 들어 일제가 산미증식계획과 회사령 철폐 등의 정책을 통해 일본 자본을 식민지 조선에 진출시키면서 대규모 공장이 생겨났고, 그 결과 '여공女工'으로 불리는 여성 공장노동자들이 본격적으로 등장했다.*

이들의 연령은 대부분 20세 전후의 미혼여성들이었다. 특히 15~16세에 불과한 소녀들의 비율이 1920년 28%, 1930년 21%, 1940년 26%로** 매우 높게 나타났다. 이는 극심한 생활고로 인해 어린 딸들을 공장노동자로 보내지 않으면 안 되었던 일제 시대의 사회 현실을 반영한다.

생활고에 밀려 공장노동자로 나선 여성노동자들의 노동조건은 매우 열악했다. 1936년의 신문에 나타난 사실은 그들이 열악한 작업장의 환경과 장시간 노동 외에도 개인의 자유를 침해하는 감시와 폭행에 시달리고 있었음을 보여 준다. 더욱이 여공들은 강간 등 성폭행에도 노출되어 있었다.

> 어두컴컴한 공장에서 그리고 감독의 무서운 감시와 100도 가까운 열도 속에서 뜨거운 공기를 마시며 골육이 쑤시고 뼈가 으스러지도록 노동을 하는 여성노동자는 대개 15~16세 혹은 20세 전후로 그 대부분은 각지의 농촌에서 모집되어 온 사람들이다. 그들은 하루에 최고가 15~16전으로 6~7년 동안 이런 환경 속에서 괴로운 훈련을 겪은 다음에야 겨우 40~50전을 받게 된다. 기숙사라고 해도 한 방에 열 명씩이나 쳐넣고 수위가 계속 교체하며 그들을 감시하여 극도로 자유를 제한당하고 있다. 노동시간은 길고 식사는 형편없어 그들의 영양 상태와 건강은 극도로 악화되고 있었다. 이 여성들의 낯빛은

---

* 이 시기 공장노동자 가운데 여성의 비율은 1922년 21%, 1930년 34%, 1935년 33%, 1940년 32% 등 전체 공장노동자의 3분의 1 수준이었으나, 방직업, 성냥제조업, 고무화제조업과 미곡출하지인 군산·부산·목포 등지의 선미업選米業 등 제한된 부문에 집중되어 있었다.
** 강이수·신경아의 『여성과 일』 중에서.

마치 중병 직후의 환자와 같고 몸은 쇠약하여 졸도하는 일이 허다한데, 공장 내에서는 특별한 규율이 있어 조금이라도 그 규율을 어기면 즉각 매를 맞는 형편이었다.*

그녀들이 받는 임금 또한 노동조건만큼이나 열악했다. 조선인 여성노동자의 임금수준은 일본인 남성노동자의 1/4에 불과했다. 게다가 여성노동자들을 속박하고 통제하는 수단으로 임금의 2/3를 강제로 저축했다가 퇴직할 때 찾아가도록 하는 정책이 면방직업을 비롯한 여성노동자들이 많은 업종에서 실시되었다.

여성노동자들의 열악한 노동환경과 성적 학대, 낮은 임금은 필연적으로 그녀들의 자각을 불러왔다. 오른쪽의 사진은 1931년 5월 16일 평양시 선교리에 있는 평원고무공장 노동자들의 파업투쟁 때, 대동강변에 위치한 높이 12미터의 누각 을밀대 지붕으로 올라가 9시간 반 동안이나 노동자들에 대한 착취와 학대를 고발한 여성노동자 강주룡의 모습이다.

역사에 크게 기록되지는 못한 이 열혈노동자 강주룡은 농성투쟁 후 평양경찰서로 연행된 후에도 76시간 동안 단식으로 저항하다 석방되었고, 이후 파업단의 대표로 일제와 자본에 대한 항쟁을 계속하다 구속되었다. 결국 그녀는 투쟁과 옥중단식으로 허약해진 몸을 추스르지 못해 1932년 8월 13일 평양시 선교리

* 1936년 7월 2일자 『조선중앙일보』에서.

의 빈민굴에서 숨졌다.
이외에도 일제시기 내내
서울, 부산 등지에서 여
성노동자들의 파업과 투
쟁이 빈번히 일어났다.
이러한 여성노동자들의
자각은, 여성운동으로서
의 의의뿐만 아니라 노

을밀대에 올라가 농성하는 강주룡의 모습이다.

동운동과 민족해방운동의 한 축으로서 당당히 자리매김했다.

선망의 대상, 방직공장 여공

남북분단과 전쟁이라는 현실은 기간산업의 분할과 파괴를
낳았고, 산업의 전반적인 후퇴와 노동자수의 감소를 초래했다.
그러나 경제의 침체가 전체 공장노동자수에서 차지하는 여성노
동자수의 감소를 의미하는 것은 아니었다. 한국전쟁 후 방직
업·제분업·제당업·고무공업·연초공업 등을 중심으로 산업
이 복구되었고, 이러한 산업의 주축을 이루는 노동자는 바로 여
성들이었다. 이 시기 공장노동자 가운데 여성의 비율은 1951년
25%, 1957년 28%로 일제 시대와 비슷한 수준이었다.

여성노동자들이 증가했는데도 그들이 직면한 노동환경과 저
임금은 개선되지 못했다. 여성이 전체 노동자의 70% 이상을 차

지하고 있던 방직업의 경우, 작업장은 먼지와 습기와 열기로 가득 차 있는데도 환기시설이 제대로 갖춰지지 않아 숨쉬기조차 어려웠고 일반 위생시설 또한 극도로 열악했다. 그 결과 폐결핵이나 호흡기질환, 눈병 등의 질병을 앓는 여성노동자가 많았다.

1956년 보건사회부의 조사에 의하면 261개소의 사업장에 종사하는 남녀 노동자 30,700여 명에 대한 건강진단 결과 환자수가 7,789명으로 25%에 달했다. 이를 질병별로 나누어 보면 기생충에 의한 환자수가 2,848명으로 가장 많았고, 다음은 치과질환자가 1,561명, 폐결핵성 환자가 800여 명, 영양실조자가 265명이었다. 특히 안과질환자는 572명이었는데 이 환자들의 대부분이 방직업에 종사하는 여성들로 조명설비와 환기시설의 미비가 그 원인이었다.*

이렇게 열악한 노동조건인데도 불구하고 여성들이 도시에서 공장노동자가 되는 일은 결코 쉽지 않았다. 공장노동자의 경우 대체로 정기적인 모집은 없었다. 대신 직원의 결원이 생기는 때에 수시로 간단한 필기시험과 구술, 면접을 거쳐 몇 명의 견습공을 채용했다. 따라서 많은 여성들은 서비스업이나 영세 사업장, 또는 식모로 일하며 공장노동자가 되기 위해 기다렸다. 이러한 현실은 여성은 결혼하면 주부로 전업해야 된다는 의식과 결합해, 여성노동자들의 고용을 유동적이고 불안정하게 만들었다.

이러한 불안정한 고용구조는 보건 위생시설을 비롯한 작업환경의 악화로 나타났으며 저임금의 원인이 되기도 했다. 1957

년 보건사회부 노동국의 조사에 의하면, 여성 평균임금은 남성 평균임금의 57%에 불과했다.**

여성노동자들 가운데 가장 많은 임금을 받는 노동자는 월 53,797환을 받는 직포공이었는데, 이 여성직포공조차 수당을 제외한 기본급은 월 23,220환으로 쌀 한 가마니 정도를 살 수 있는 금액에 불과했다. 즉, 여성노동자의 임금구조는 성년 남성 노동자의 절반 또는 그 이하의 수준이어서, 기본급보다 시간외 노동으로 받는 수당이 더 많은 비중을 차지했다. 따라서 여성노 동자들은 수당을 받지 않으면 생계에 위협을 받을 수밖에 없었 고 12시간 이상의 장시간 노동에 시달려야 했다.

열악한 노동조건과 낮은 임금에도 불구하고 공장노동자로 취직하는 것은 남자 형제를 공부시키고 가족의 생계를 담보할 수 있는 방편이었다. 특히 "10환짜리 한 장이 귀하기 짝이 없는 농촌에서 연약한 여자의 힘으로 송아지도 사고 옷가지도 장만 하고 밭떼기도 장만할 수 있는 길이란 방직공장 직공벌이가 아 니고서는 생각할 수 없는" 일로 표현될 정도로 방직공장 여공은 선망받는 여성의 직업이었다. 당시 여성 공장노동자들의 학력 은 최소한 초등학교 졸업이었으며, 중·고등학교 중퇴자와 졸 업자도 있었다. 이것은 1950~60년대 초반 사회에서는 결코 낮

---

* 차국찬이 『기업경영』 1960년 3월호에 기고한 「부녀자 노동의 실정과 그 대책」 중에서.
** 보건사회부 노동국의 『제3회 근로자임금 및 생활비 실태조사 통계표(1957)』에서.

은 수준이 아니었다. 그러나 본격적인 산업화가 진행된 1960년
대 후반부터는 여성노동자를 '공순이'라는 천박하고 하찮은 지
위로 이미지화하기 시작했다.

"난 공순이입니다"

박정희 정권에 의해 추진된 경제개발계획은 노동시장에 근
본적인 변화를 초래했다. 무엇보다도 수출을 위한 경공업 중심
의 산업화, 즉 섬유 · 가발 · 전자 · 신발 등의 산업은 높은 기술
보다는 부지런하고 고분고분하며 기업주의 요구를 수용할 수
있는 값싼 노동력을 필요로 했다. 여성들은 이러한 조건을 충족
시키는 이상적인 노동력이었다.

해방 후 도입되어 1950년부터 본격적으로 실시된 의무교육
제는 젊은 여성에게 최소한의 의사소통에 필요한 읽고, 쓰고,
셈할 수 있는 정도의 교육을 받도록 했다. 이는 조직생활에서 요
구되는 규칙준수, 질서의식 등 직업인으로서의 기본태도를 함
양해 줌으로써 생산성이 높은 단순 노동력을 대량으로 양성, 공
급하여 주는 역할을 수행했다. 그리고 사회 깊숙이 자리 잡은 가
부장적 사고방식은 여성들로 하여금 결혼과 동시에 직장을 떠
나 가정 안에 머물도록 강제했다. 이같이 여성노동을 결혼하기
직전의 '소일거리'로 간주하는 방식은 젊은 여성노동자들의 임
금을 낮추고 주어진 상황에 순응하도록 종용했다.

한편 '건설하면서 싸우기' 식의 반공이데올로기 주입도 여성노동자들의 의식에 족쇄를 채우기에 충분했다. 그 결과 10대 후반과 20대의 젊은 여성들은 그 자신의 필요는 물론 기업·국가의 필요를 충족시키는 가장 적합한 노동력으로 각광받았다.*

그러나 여성노동자들이 겪고 있는 현실은 아래의 인용문에서 보는 것처럼 끔찍할 만큼 열악했다.

작업장은 약 8평 정도 …… 이 밀폐된 닭장 속에 갇혀서 끊임없이 재봉틀의 소음 속에서 그녀는 하루 종일 햇빛 한 번 보지 못하고 아침 8시부터 밤 11시까지 노동을 한다. 작업 도중에 일어나 변소 한 번 가려고 해도 '주인아저씨'와 '미싱사 언니'들의 눈치를 보아야 한다. …… 일거리가 밀려 야간작업을 할 때면 정말이지 살고 싶은 마음이 안 난다. 연거푸 이틀 밤, 사흘 밤을 꼬박 새워가며 일할 때에는 정신이 아득하여 저도 모르게 눈이 저절로 감긴다. 졸지 말고 밤일 잘하라고 주인아저씨가 사다 준 잠 안 오는 약을 먹고 억지로 밤을 새워 일한 다음 날에는 팔다리가 제대로 펴지지 않고 눈만 멀뚱멀뚱한 산송장이 되는 일도 있다.**

* 1963년 전체 고용인구의 8%에 불과하던 제조업노동자의 비율은 1979년 23%, 3백만 명이 넘게 비약적으로 증가했다. 그리고 이들 노동자 가운데 여성노동자의 비율은 1970년 33%, 1974년 36%, 1976년 38%, 1979년 34%에 달했다.
** 조영래의 『전태일평전』 중에서.

이렇게 뼈빠지게 일하면서도 그녀들이 받는 임금은 매우 낮은 수준이었다. 1963년 제조업 여성노동자의 임금은 남성노동자의 39~46%에 불과했고, 1977년 노동청의 조사에서도 46%에 불과한 것으로 나타났다. 장시간 일하고 낮은 임금을 받는 여성노동자들을 가리켜 국가와 사회는 공식적으로는 '근대화의 기수', '산업의 역군'이라고 불렀다. 그러나 그 뒤편에서 그녀들을 부르는 호칭은 일만 하고 못생기고 무식한 존재, 그래서 희망 없는 존재라는 의미의 '공순이'였다.

여성노동자들은 대부분 '공순이'로 불리는 자신들의 존재를 부정했다. 일부는 화사한 옷차림에 시집이며 대학교재를 끼고 거리로 나섰고, 다방과 고고장에 가서 여대생 흉내를 내기도 했다. 또 다른 여성노동자들은 집에 보내고 남은 돈을 저축하면서 열심히 결혼준비를 했다. 그녀들의 소원은 흰 와이셔츠를 입은 사무직 남성이나 대학 출신을 만나 결혼함으로써 공순이에서 벗어나 주부가 되는 것이었다. 한 여성노동자는 이러한 바람을 다음과 같이 술회했다.

여성노동자들이 생각했던 것은 그러니까 어쨌든 지겨운 노동에서 빨리 벗어나는 것. 그런데 그 벗어나는 것은 그런 거잖아요. 속된 말로 하면 백마 탄 왕자를 만나서 결혼 멋들어지게 하면, 지겨운 노동에서 벗어나는 것이라고 생각했던 부분이 일반적인 여성노동자들의 생각이죠.*

그러나 이 같은 상처 속에서 자신의 권리를 자각하는 여성노동자들이 성장했다. 그들은 착취받는 현실과 노동의 힘겨움 속에서 미래의 희망을 만들고 자신들의 권리를 찾기 위한 조직적인 투쟁을 싹틔우기 시작했다. 1970~80년대 초반 한국 노동운동의 역사를 새롭게 쓴 사건의 대부분은 여성노동자들의 자각과 투쟁을 통해서 이루어졌다.

자신의 몸을 불살라 참담한 노동현실을 고발한 '청년 전태일'로 상징되는 청계피복노조 투쟁, 똥물을 뒤집어쓰고 7월의 불볕 더위 아래서 반나체가 되어 싸웠던 동일방직 투쟁도 여성노동자의 투쟁의지가 이루어낸 것이었다. 그리고 1979년 8월 야당당사에서 농성하던 중 강제해산에 나선 경찰의 곤봉세례에 숨을 거두며 박정희 정권에게 마지막 비수를 꽂은 YH무역의 김경숙도 기억해야 할 인물이다.

이처럼 1970년대 여성노동자들의 파업과 투쟁은 박정희 정권의 야만적인 정체성을 위협했다. 또한 개별 사업장 단위로 분산된 노동자들의 연대의식을 현실화시킨 기념비적인 노동운동인, 1985년 구로연대파업의 중심에 선 노동자들도 구로지역의 수많은 봉제공장과 전자공장에서 일하던 여성노동자들이었다. 그녀들은 더 이상 공순이가 아니었다. 그녀들은 자신을 '여성노

---

* 윤택림이 『여성연구논총』 제17집에 쓴 「1970년대 여성노동자의 일상생활과 노동운동의 의미」 중에서.

동자'라는 이름으로 불렀고 '공순이'임을 결코 부끄러워하지
않았다.

> 난 노동자입니다. 전 공순이란 말이 부끄럽지 않습니다. 만일
> 우리 라인에서 내가 빠져 버린다면 우리 라인은 큰 지장을 가
> 져옵니다. 나 한 사람이 빠져도 그런데, 만일 모든 라인사람
> 들이 빠진다면 회사는 운영을 하지 못하게 됩니다. 아무리 사
> 무직원들이 볼펜 굴리고 목에 힘을 주고 우리 앞을 왔다 갔다
> 할지라도 우리가 없으면
> 그 사람들은 굶어야만 합
> 니다. 그러므로 난 자부심
> 을 갖고 있습니다. 우리에
> 겐 힘이 있습니다. 비록
> 각 개인의 힘은 약할지라
> 도 우리 하나하나가 모여
> 커다란 힘이 이룩될 때에
> 는 아무리 어려운 일이라
> 도 능히 헤쳐 나갈 수 있
> 습니다. 난 공순이입니
> 다.*

구로연대투쟁을 지지하는 22개 민주·민권운동단체 대표
들이 농성중인 청계피복노조 사무실 외관이다.

【 꽃이 되기를 거부한 사무직 여성노동자들 】

사무실의 꽃 '미스 김'

공장에서 일하는 여성노동자에게 "어디 다니냐?" 하고 물으면 얼굴을 붉히며 그들은 "조그만 회사에 다녀요."라고 대답하곤 했다. 사무직 노동은 공장 여성노동자들의 선망의 대상이었다. '사무실의 꽃'이라 불렸던 사무직 노동은 1901년 10월 일한와사日韓瓦斯에서 여사무원을 모집하면서 시작되었다.

이처럼 역사는 오래되었으나 사무직 노동은 1970년대까지만 해도 중·고등학교를 졸업한 여성들은 쉽게 구할 수 없는 직업이었다. 그러던 것이 1980년대 이후 그 수가 급속히 증가했다. 전체 사무직 취업자 가운데 여성의 비율을 살펴보면, 1963년 11%에 불과하던 것이 1970년 13%, 1980년 33%, 1987년 37%로 현저히 증가했다. 1963년과 1987년을 비교했을 때 서비스직과 생산직은 6~7배의 증가를 보이고 있는 데 비해, 사무직은 무려 20배 가깝게 증가했다. 즉, 사무직의 여성화가 본격적으로 진행된 것이다. 이는 사무기술의 자동화와 그에 따른 사무노동의 탈숙련화 추세에 기인했다. 사무노동의 탈숙련화로 단순 반복적 업무의 비중이 커지면서 사무직이 여성의 직무로 재편된 것이다.

---

* 김경숙 외 125명이 지은 『그러나 이제는 어제의 우리가 아니다』 중에서.

특히 사무직 노동은 고등학교를 졸업한 여성이 취업하는 가장 대표적인 직종이었다. 1986년 사무직 여성노동자의 86%가 고졸자로, 여성 고졸자는 사무직 여성노동력의 주된 공급원이었다.* 사무직 남성노동자의 37%가 대졸자임에 비해 사무직 여성노동자 중 대졸자는 5%에 불과했다. 2001년에 이르면 사무직 여성노동자 중 고졸자의 비율은 57%(대졸자 37%)로, 1980년대에 비해 대폭 줄어들고 대신 대졸자의 비율이 증가했다. 사무직 노동자의 연령별 구성을 보면 1987년 남성노동자의 74.2%가 25~44세 연령대인 데 반해 여성노동자의 70% 정도가 15~24세로 대부분 미혼여성이었다. 즉, 사무직 여성노동자의 대다수가 고졸 학력의 20대 미혼여성이었던 것이다.

사무직 여성노동자의 주요 업무는 속기, 타자, 문서정리, 사무기기 조작, 전표 및 장부 정리, 고객 안내 등이었다. 여기에 사무실 청소, 남자직원의 업무보조, 커피와 담배 심부름, 상사의 비서 역할 등이 부가된다. 즉, 사무직 여성노동자의 직무는 주로 관리직의 보조업무로 제한되었다.

이 같은 학력과 연령, 업무의 차이는 노동조직 안에서의 남성과 여성의 불평등, 노동조건과 임금의 차별로 나타났다. 1986년 노동부 조사에 의하면 동일한 고졸 학력의 사무직 남녀 노동자 초임의 임금격차는 100 대 55였는데, 이 격차는 근무연수가 오래 될수록 더욱 심화되었다. 또한 사무직 여성들은 결혼 후 퇴직이나 차별 정년을 강요당했다. 대표적인 여성 사무직인 은행원의 경우 1980년대에 이르기까지 결혼퇴직제가 강요되었고 승진이나 승급에서도 불이익을 받았다. 또한 임금에서도 남녀 분리 호봉제를 실시해 1980년대 중반까지도 여성행원의 초임은 같은 급수의 남성행원 초임의 59%에 불과했다.

여기에 여성이라는 이유로 맡은 직무 외의 일을 시키는 경우가 많았다. 즉, 사무실 정리, 차 접대, 사소한 심부름 등은 '여성의 고유한 본성', '여성에게 어울리는 일'로 간주되었다. 게다가 여성잡지나 일간지에서는 '올바른 직장생활', '직장여성의 에티켓', '처음으로 직장에 나서는 여성에게'라는 제목으로 직장 안에서의 여성이 갖추어야 할 태도를 다음과 같이 제시했다.

결국 차를 따라 주고 잔시중을 들어 주면서 항상 분위기를 부드럽게 만드는 일방 아무리 하찮은 일이라고 생각되는 일일망정 충실하게 이행해 나간다는 것은 그대가 그대의 직장에서 발전하는 데 매우 요긴한 비료가 된다는 점을 잊지 마시길.**

책상 닦기 거부운동

결국 남성 중심의 직장에서 요구되는 여성상은, 업무의 효율

---

* 한국여성민우회의 『사무직 여성의 현실과 운동』 중에서.
** 김남익이 『여성계』 1958년 4월호에 기고한 「여성들의 직장 '애치켓' 2장」 중에서.

을 높이는 능력 있는 여성이 아니라 직장 안에서 아내의 역할을 하는 여성이었다. 사무직 여성노동자에게 요구되는 노동이란 "남의 눈치를 보아서 그저 뛰어나지도 않고 빠지지도 않게 중간쯤 하고서 어름어름하는 것"이었고, "사원 전체의 놀이 때에 일일 주부 노릇을 해서 온갖 시중드는 것"이었다.* 회사의 행사에 사무직 여성은 의례, 미화, 음식장만에 동원되었고, 임원급 상사의 개인적 행사인 장례식, 자녀결혼식에도 '한복을 입고' 동원되어 손님접대를 떠맡기도 했다. 이처럼 사무직 여성노동자는 직무 이외에도 직장에서의 아내 역할까지 수행해야 했다.

이러한 구조는 사무직 여성노동의 작업 능률을 저하시켰을 뿐만 아니라 '핵심적인 노동자=직원=남성', '보조적 단기적 노동자=여직원=여성'이라는 이분법을 초래했다. 즉, 사무직 여성의 노동은 여성 개인의 능력과 무관하게 보조적 노동으로 밀려났다. 직원이 아닌 '여'직원으로 인식되는 상황, 비공식적 업무를 통한 성차별의 경험은 경쟁적 조직 내에서 여성을 더욱 무력한 개인으로 만들고 좌절하게 만드는 요인이 되었다.

이러한 구조를 바꾸기 위한 사무직 여성노동자들의 노력은 아주 사소하지만 결코 사소하지 않은 관행을 바꾸는 데서 시작되었다.

---

* 조풍연이 『여원』 1958년 12월호에 기고한 「몸가짐」 중에서.

을지로 H자동차보험 본 건물에만도 우리 여직원은 모두 1백 명이 넘는다. 이 여직원들이 지난 11월을 마지막으로 '책상 닦는 일'에서 해방됐다. 이 움직임이 시작된 지 3년만의 일이다. …… 우리 회사 역시 아무리 여직원이 많아도 남자사원보다 10~20분씩 먼저 나와 책상 닦고 물컵 씻는 일은 똑같았다. …… 그러나 약 3년 전부터 여직원회 간담회 등에서 차츰 말이 나오기 시작, 몇몇 부서별로 '책상 닦기 거부' 운동을 벌인 것이다. 요구가 관철된 부서에서는 부서장의 재량으로 각 부의 부비部費에서 사무실 바닥청소를 맡으신 용역회사 아줌마들에게 책상 청소까지 맡기게 된 것이다. …… 한 부서의 부장은 '여직원들이 해야 할 일이 아니냐, 집안에서 안 할텐데 여기서라도 신부수업을 해야지' 하는 게 아닌가. 이에 지지 않고 '한번 투표라도 해 보십시오. 왜 싫은 일을 시키십니까.' 하고 항의하자 별 명분을 갖지 못한 부장은 마침내 항복했다.*

사무직 여성노동자들은 이제 사무실의 꽃으로 간주하는 인식을 거부하고 작은 관행부터 바꾸어 나감으로써 자신들의 직무를 되찾기 시작했다. 그렇게 시작된 사무직 여성노동자들의 실천은 지금까지 계속되고 있다.

---

* 한국여성민우회의 『사무직 여성의 현실과 운동』 중에서.

지금까지 여성의 역사를 바라보는 관점은 크게 두 가지였다. 하나는 산업혁명 이래 여성의 사회적 활동, 노동영역의 확장을 중심으로 한 역사고, 다른 하나는 참정권 획득을 비롯한 여성지위의 향상에 관한 역사다. 우리의 경우 이 두 가지를 중심으로 여성의 역사를 구성하기에는 부족함이 있다. 한국 근현대사가 산업화나 근대화와 같은 내적 변화를 중심으로 형성된 것이 아니라 식민지, 전쟁, 군사독재와 같은 비정상적 상황이 근간을 이루기 때문이다. 여성노동의 경우, 1970년대 이전까지는 여성을 노동현장으로 이끈 주요한 동력이 자체적인 산업화 과정이라기보다는 일제의 착취와 전쟁으로 인한 생활고에 있었다. 또한 여성운동의 경우에도 여성의 지위향상보다는 반제국주의 투쟁이나 민주화운동의 한 부분으로 자리매김한 것이 현실이었다.

결국 한국 근현대사에서 여성의 역사는 사회의 주변부에 불과했고, 몇몇 뛰어난 여성의 출현으로 이야기 되어 왔다. 이 책은 몇몇 뛰어난 여성들이 아닌 한국 근현대사와 함께 호흡하면서 생활했던 일반 여성들의 역사를 교육, 성, 노동이라는 주제로 살펴보았다. 특히 가부장제 이데올로기가 한국 근현대사 속에서 현모양처 이데올로기로 변형되어 어떻게 여성에게 작용했는지, 결국 여성이 현모양처로만 머물 수 없는 현실과 현모양처 이데올로기와 어떻게 갈등했는지를 중점적으로 다루었다.

여성에 대한 공교육은 여성이 전근대와 다르게 살아갈 수 있는 기회이자 여성의 사회적 지위를 향상시키는 계기였다. 비록 남성에 비해 교육을 받을 수 있는 기회가 적고 상급학교로의 진학률도 형편없이 낮았지만 여성이 교육을 받을 수 있다는 사실 자체가 커다란 진보였다. 그러나 교육을 통한 여성의 지위 향상은 결코 쉬운 길은 아니었다. 여성교육의 목적은 남성교육과 다르게 여성의 자아개발이나 여성을 기술적이고 전문적인 직업인으로서 양성하는 것이 아니라 어머니와 아내의 역할을 충실히 할 수 있는 여성을 양성하는 데 있었기 때문이다. 여성들은 어머니와 아내의 역할이 절대적이고 '자연적인 것'이며 삶의 최고 가치라고 배웠다. 현모양처 이데올로기는 개화기 이래 오늘날까지도 변하지 않는 교육목표다. 사회는 여기에서 머물지 않고 제도적으로-어머니날의 제정과 생활개선운동을 통해 확고하게-어머니와 아내라는 여성의 역할을 뿌리내리게 했다.

다른 한편 사회는 어머니와 아내의 역할을 충실히 하지 못한 여성들을 순결과 정절과 헌신과 희생이라는 잣대로 재단했다. 사회적으로 여성을 착한 여성과 나쁜 여성으로 구분하여 착한 여성은 행복한 미래를 꿈꿀 수 있다는 환상을 심어주고, 나쁜 여성은 불행해질 것이라는 경고를 보여 준 것은 여성들에게 몇 백 번의 충고보다 확실한 교육적 효과가 있었다. 현모양처와 대립되는 나쁜 여성의 전형은 '신여성', '자유부인', '양공주', '공순이'로 규정되었다. 사회는 그녀들에게 온갖 부정적인 용어를 곁들여 몸가짐, 옷차림 등을 비판했고 결국에는 불행한 삶으로 빠져들 것이라는 시나리오를 만들어 냈다.

그러나 이 책에서 살펴보았듯이 나쁜 여성의 전형으로 제시된 여성들은 대체로 종래의 관습과 규범을 과감하게 벗어던지거나 생활고를 해결하기 위해 직업을 찾아 거리로 나온 여성들이었다. 기혼여성이든 미혼여성이든 그녀들은 자신의 힘으로 가족들을 부양하거나 형제들의 학비를 조달했다. 그러나 그녀들은 사회에 발을 내딛는 순간부터 관행적인 성차별과 열악한 노동조건, 차가운 사회의 시선에 부딪쳤다. 결국 많은 여성들은 좌절한 채 가정으로 돌아가 착한 아내, 현명한 어머니가 되었고, 다른 여성들은 사회의 그늘 속으로 흩어진 채 자신의 존재를 드러내지 않았다. 그러나 그 속에서 작은 희망의 불씨들이 타올랐다. 가족을 부양하고, 자신이 사회의 중심적 존재라는 사실을 깨닫고 자부심과 자신감을 가진 여성들이 등장했다. 그 불씨들은 '공순이' 라는 모멸적인 시선에도 '난 공순이입니다.' 라고 당당하게 외쳤고, 자신들이 남성들의 '꽃' 임을 거부하기 시작했다. 더 이상 여성들은 한국 근현대사 속에서 주변이 아니다. 가정의 울타리를 넘어 사회로 나오기 시작한 여성들의 역사, 좌절과 고통, 새로움의 역사가 한국 근현대사 속에 살아 있기 때문이다.

참고문헌

가와무라 미나토 지음 · 유재순 옮김, 『말하는 꽃 기생』, 소담출판사, 2002

강이수 · 신경아, 『여성과 일』, 동녘, 2001

김경숙 외, 『그러나 이제는 어제의 우리가 아니다』, 돌베개, 1986

김소영, 『근대성의 유령들』, 씨앗을뿌리는사람, 2000

김진송, 『서울의 딴스홀을 許하라』, 현실문화연구, 1999

보건사회부, 『부녀행정 40년사』, 1987

박석분 · 박은봉, 『인물여성사』, 새날, 1994

백문임, 『춘향의 딸들, 한국 여성의 반쪽짜리 계보학』, 책세상, 2001

손인수, 『한국교육운동사』, 문음사, 1994

윤택림, 『한국의 모성』, 미래인력연구원, 2001

여성사연구모임 길밖세상, 『20세기 여성사건사』, 여성신문사, 2001

이배용외, 『우리나라 여성들은 어떻게 살았을까』, 청년사, 1999

이옥수, 『한국근세여성사화(상 · 하)』, 규문각, 1985

이옥지, 『한국여성노동자운동사 1 · 2』, 한울아카데미, 2001

이효재, 『한국의 여성운동 − 어제와 오늘』, 정우사, 1996

일레인 김 · 최정무 편저, 『위험한 여성』, 삼인, 2001

조영래, 『전태일평전』, 돌베개, 1991

최혜실, 『신여성들은 무엇을 꿈꾸었는가』, 생각의나무, 2000

캐서린 H.S 문, 『동맹 속의 섹스』, 삼인, 2002

한국부인회총본부, 『한국여성운동 약사, 1945~1963』, 한밤의소리사, 1986

한국여성사편찬위원회, 『한국여성사』 II, 이화여자대학교출판부, 1972

한국여성민우회, 『사무직 여성의 현실과 운동』, 석탑, 1989

한국여성연구소 여성사연구실, 『우리 여성의 역사』, 청년사, 1999